쓰고 말하는
영문법

초등

쓰고 말하는 **영문법** 초등 **1**

쓰고 말하는
영문법

초등

1

타보름

서문

선생님: 오늘 배울 단어는 bird 새, dog 개, fly 날다, run 뛰다..... 따라해볼까?
학생들: bird! dog! fly! run!
선생님: 오 너무 잘했어~! 그럼 '새가 난다'는 뭐라고 말할까?
학생들: Bird fly요~~!!!
선생님: 아니야, A bird flies. 란다.
학생들: 어려워요.

사람은 새로운 것을 배울 때 대체로 호기심과 관심을 느낍니다. 따라서 초기에 어떻게 배우느냐가 그 분야에 대한 평생의 흥미와 태도를 결정짓습니다.
그런데 위의 대화처럼 "Bird fly"라고 말한 학생에게 "아니야, A bird flies야"라고 말하는 순간 어떻게 될까요?
지식은 비밀이 풀리듯 조금씩 이해되어야 지속적으로 탐구될 수 있습니다. 이제 막 bird, fly 등 기초 단어를 배운 학생에게 명사, 관사의 이해, 3인칭 단수 현재형, 동사 시제 등 복잡한 문법 개념들이 동시에 등장하면 학생은 좌절하거나 수동적인 학습 태도를 보일 가능성이 큽니다.
그렇다고 영문법을 완전히 배제하고 패턴이나 언어 감각 위주로만 영어를 학습하면, 초중고로 이어지는 교육 환경을 고려할 때 분명히 한계가 있습니다. 따라서 타보름은 『쓰고 말하는 영문법』를 통해서 영문법을 현명하게 활용하는 방법을 제안합니다.

1. 영문법 공부가 어려운 이유

영문법이 어렵게 느껴지는 이유는 용어와 개념이 어렵고, 모든 문법 요소가
서로 연결되어 있기 때문입니다. 하나의 개념을 제대로 이해하지 못하면 다른
개념까지 어려워집니다.

2. 『쓰고 말하는 영문법』은 뭐가 다른가요?

영문법을 효과적으로 활용하려면 학습 순서와 다른 언어 기능과의 연계를 잘
설계하여 쉽게 이해하고 꾸준히 학습할 수 있어야 합니다. 초·중·고로 이어지는
지속 가능한 학습을 위해서는 간결한 핵심 문법 이론과 이해를 돕는 풍부한
연습문제가 필요합니다.
『쓰고 말하는 영문법』은 오랜 기간 다양한 학생들과 실제 수업을 통해 검증된
교재입니다. 필수 문법을 간결하게 제시하고, 풍부한 연습문제를 통해 쓰고
말하며 이해가 완전히 될 때까지 반복하도록 구성되었습니다. 과학적으로 설계
되어 반복 학습이 지루하지 않으며, 학습자는 높은 효율과 동기부여를 얻어
지속 가능한 영어 학습을 이어갈 수 있습니다.

쓰고 말하는 영문법 초등 구성과 특징

01 문장 구성에 꼭 필요한 문법만!

꼭 필요한 문법 이론만을 간결하게 배우고 바로 이어지는 많은 연습문제를 통해 확실히 체득합니다.

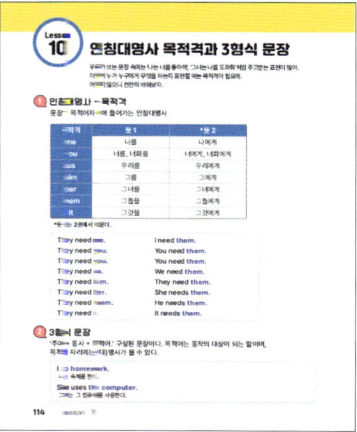

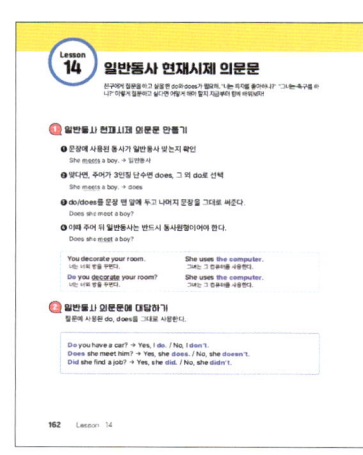

02 매 단원 20개씩, 연습문제에 배운 단어만 나온다!

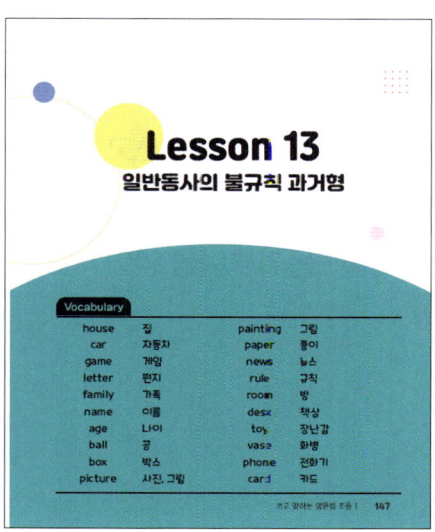

각 단원 시작 전 필수 단어 20개를 먼저 익히도록 구성했습니다. 배운 단어만 나오므로 모르는 단어 때문에 연습이 막히지 않도록 설계했습니다.

03 누적 복습 구조 - 최적화된 학습 능률!

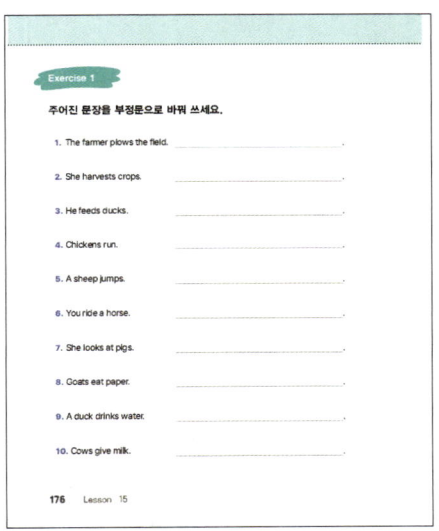

새 단원이 진행될수록 배운 단어가 누적되어 반복 등장합니다. 자연스러운 반복으로 자신감 상승과 함께 학습 능률 극대화.

04 쓰고 말하는 문장 훈련 - 자연스런 문장 이해!

직접 쓰고 말하게 합니다. 문장을 만들고, 만든 문장을 소리 내어 말하며 연습합니다. 자연스럽게 문장 구조와 표현이 몸에 배게 됩니다.

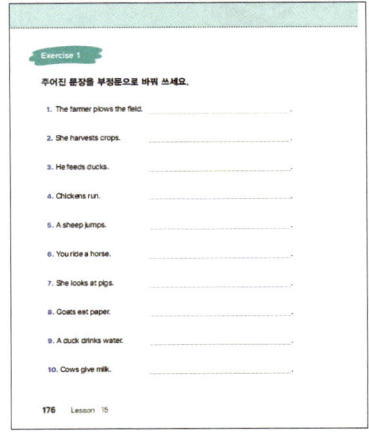

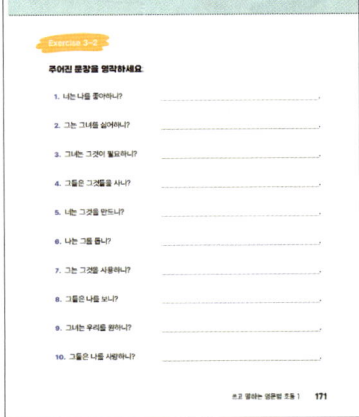

05 실전 스토리 활동 - 읽고, 쓰고, 말하다!

4단원마다 실전 종합 활동이 있습니다. 앞에서 배운 문장들을 조합해 짧은 이야기를 만들고, 직접 읽고, 쓰고, 말해보는 통합 훈련으로 연결됩니다. 이 훈련을 통해 문장 쓰기의 자신감과 문맥 이해력이 함께 자랍니다.

목차 쓰고 말하는 영문법 초등 1

Lesson 01
명사 기본

Vocabulary

boy	소년	water	물
girl	소녀	milk	우유
friend	친구	bread	빵
student	학생	money	돈
teacher	선생님	air	공기
dog	개	music	음악
cat	고양이	time	시간
bird	새	homework	숙제
book	책	sand	모래
Korea	한국	salt	소금

개		음악	
고양이		우유	
새		시간	
선생님		숙제	
소녀		소금	
소년		빵	
책		물	
친구		모래	
학생		돈	
한국		공기	

Lesson 01 명사 기본

주변을 둘러봐! 친구, 선생님, 책, 가방, 연필, 인형... 모든 것은 다 이름이 있어!
이런 이름을 가진 모든 것을 명사라고 해. 그러니 명사가 얼마나 중요할까?
명사는 역할도 참 중요해. 우리 명사에 대해서 조금씩 이해해보자.

1 명사란?

❶ 정의
사람이나 사물, 생각 같은 것의 명칭을 나타내는 단어이다.
> 예 Paul, 칠판, 한국, 사랑, 음식 등

❷ 역할
문장에서 주어, 목적어, 보어의 역할을 한다.

> **A boy** runs.
> (주어) 소년이 달린다.
>
> **The girl** likes **soccer**.
> (주어, 목적어) 그 소녀는 축구를 좋아한다.

2 명사의 종류

명사는 크게 셀 수 있는 명사와 셀 수 없는 명사로 나뉜다.

❶ 셀 수 있는 명사
셀 수 있는 명사는 하나, 여러 개처럼 수를 셀 수 있는 명사이다. 문장에서는 'a', 'the', 'my' 같은 말과 함께 쓰거나, 뒤에 -s를 붙여 복수(여러 개)로 써야 한다.

-셀 수 있는 명사는 문장에서 'a'라도 붙여서 사용

> 예 boy, bird, teacher, dog, book 등

> **Boy** sleeps (x)
>
> **A boy** sleeps. 소년 한 명이 잔다. (o)
> **Boys** sleep. 소년들이 잔다. (o)
> **My boy** sleeps. 나의 소년이 잔다. (o)
> **The boy** sleeps. 그 소년이 잔다. (o)
> **The boys** sleep. 그 소년들이 잔다. (o)

❷ 셀 수 없는 명사

셀 수 없는 명사는 하나, 둘처럼 수를 셀 수 없는 명사다. 그래서 앞에 a(n)이나 뒤에 -s를 붙일 수 없고 아무 것도 붙이지 않고 단독으로 사용하나, 특정한 것을 지칭하는 the는 선택적으로 붙일 수 있다.

-아무것도 붙이지 않고 단독으로 문장에 사용할 수 있다.
-단수(하나) 취급한다.

예 water, milk, bread, money, air, Korea, Jenny 등

Air moves. (o) 공기가 움직인다.	**An air** moves (x) **Airs** move (x) **The air** moves. 그 공기가 움직인다. (o)

❸ 셀 수 있는 명사와 셀 수 없는 명사 정리

셀 수 있는 명사 사용 예		셀 수 없는 명사 사용 예
단수(하나)	복수(둘 이상)	water
a boy	boys	milk
a girl	girls	bread
a kid	kids	money
a friend	friends	air
a student	students	music
a teacher	teachers	time
a dog	dogs	homework
a cat	cats	sand
a bird	birds	salt

다음 주어진 단어 중 셀 수 있는 명사에만 a(an)을 붙이세요.

1. _____ dog

2. _____ bread

3. _____ book

4. _____ friend

5. _____ student

6. _____ music

7. _____ salt

8. _____ boy

9. _____ money

10. _____ air

11. _____ child

12. _____ teacher

13. _____ girl

14. _____ bird

15. _____ time

16. _____ homework

17. _____ cat

18. _____ sand

19. _____ water

20. _____ milk

다음 주어진 단어 중 셀 수 있는 명사에만 a(an)을 붙이세요.

1. _____ teacher

2. _____ bread

3. _____ dog

4. _____ sand

5. _____ money

6. _____ boy

7. _____ bird

8. _____ milk

9. _____ friend

10. _____ cat

11. _____ water

12. _____ student

13. _____ music

14. _____ book

15. _____ girl

16. _____ salt

17. _____ time

18. _____ homework

19. _____ child

20. _____ air

주어진 (a)와 (b) 중 문장에 바로 쓸 수 있는 것을 고르세요.

1. (a) a boy   (b) a milk
2. (a) dogs   (b) a students
3. (a) sand   (b) a homework
4. (a) friend   (b) salt
5. (a) a book   (b) a music

6. (a) water   (b) breads
7. (a) money   (b) an airs
8. (a) teachers   (b) bird
9. (a) a times   (b) a child
10. (a) girls   (b) cat

주어진 (a)와 (b) 중 문장에 바로 쓸 수 있는 것을 고르세요.

1. (a) a bird   (b) a sand
2. (a) water   (b) breads
3. (a) dogs   (b) a students
4. (a) a child   (b) airs
5. (a) milk   (b) a homework

6. (a) boys   (b) teacher
7. (a) friend   (b) salt
8. (a) a times   (b) money
9. (a) cats   (b) a music
10. (a) a books   (b) a girl

Lesson 02
문장의 시작 (상)

I	나는	come	오다
you	너는, 너희는	dance	춤추다
we	우리는	walk	걷다
she	그녀는	run	달리다
he	그는	jump	점프하다
they	그들은, 그것들은	swim	수영하다
it	그것	sleep	자다
mom	엄마	move	움직이다
dad	아빠	fly	날다
go	가다	bark	짖다

오다		너는, 너희는	
우리는		점프하다	
달리다		엄마	
나는		춤추다	
움직이다		그녀는	
수영하다		걷다	
그는		그들은, 그것들은	
그것		날다	
짖다		자다	
가다		아빠	

Lesson 02 문장의 시작 (상)

문장은 어떻게 시작될까? 이름을 가진 단어인 명사가 주인공이 되고, 동사가 그 주인공이 뭘 하는지 알려줘! 이제 조금씩 문장을 만들어볼까?

1 명사와 동사

❶ 명사
생물이나 무생물의 이름을 나타내는 말
> 예 mom(엄마), dog(개), water(물), time(시간) 등

❷ 동사
동작이나 상태를 나타내는 말
> 예 go(가다), come(오다), dance(춤추다), walk(걷다) 등

2 인칭대명사 – 주격

주격 인칭대명사는 주어 자리에 들어간다. 영어에서는 인칭 대명사를 적극 활용한다.

❶ 인칭대명사 - 주격 종류

인칭대명사-주격	뜻
I	나는
you	너는, 당신은, 너희들은, 당신들은
we	우리는
he	그는
she	그녀는
they	그들은, 그것들은
it	그것은

*You는 단수와 복수 둘 다의 의미로 각각 사용될 수 있다.

❷ 명사를 대신하는 대명사

You and I (너와 나는) → **We** (우리는)   **run.**
Jenny (제니는) → **She** (그녀는)   **runs.**
Paul (폴은) → **He** (그는)   **runs.**
Boys (소년들은) → **They** (그들은)   **run.**
Books (책들은) → **They** (그것들은)   **move.**
Time (시간은) → **It** (그것은)   **flies.**

주어진 단어가 (대)명사인지 동사인지 구별하세요.

1. fall _____

2. swim _____

3. money _____

4. jump _____

5. he _____

6. dance _____

7. water _____

8. walk _____

9. milk _____

10. sand _____

11. girl _____

12. run _____

13. it _____

14. come _____

5. dog _____

16. sleep _____

17. teacher _____

18. move _____

19. fly _____

20. you _____

주어진 단어가 (대)명사인지 동사인지 구별하세요.

1. she _____
2. homework _____
3. bird _____
4. milk _____
5. child _____
6. dog _____
7. come _____
8. dance _____
9. move _____
10. go _____

11. water _____
12. walk _____
13. run _____
14. sand _____
15. jump _____
16. friend _____
17. fly _____
18. fall _____
19. boy _____
20. sleep _____

주어진 빈칸을 해석에 맞게 채우세요.

1. _____ walk. (나는 걷는다.)

2. _____ walks. (그것은 걷는다.)

3. _____ walk. (우리는 걷는다.)

4. _____ walk. (너는 걷는다.)

5. _____ walks. (그녀는 걷는다.)

6. _____ walk. (그들은 걷는다.)

7. _____ walks. (그는 걷는다.)

8. _____ walk. (너희들은 걷는다.)

Exercise 2-1

주어진 빈칸을 해석에 맞게 채우세요.

1. _____ dance. (나는 춤춘다.)

2. _____ dances. (그는 춤춘다.)

3. _____ dance. (우리는 춤춘다.)

4. _____ dance. (너는 춤춘다.)

5. _____ dances. (그녀는 춤춘다.)

6. _____ dance. (그들은 춤춘다.)

7. _____ dances. (그것은 춤춘다.)

8. _____ dance. (당신들은 춤춘다.)

주어진 빈칸을 해석에 맞게 채우세요.

1. _____ moves. (그것은 움직인다.)

2. _____ move. (그것들은 움즈 인다.)

3. _____ go. (우리는 간다.)

4. _____ comes. (그는 온다.)

5. _____ runs. (그녀는 달린다.)

6. _____ sleep. (그들은 잔다.)

7. _____ jump. (너희들은 점프한다.)

8. _____ jump. (너는 점프한다.)

주어진 빈칸을 해석에 맞게 채우세요.

1. _____ goes. (그는 간다.)

2. _____ falls. (그것은 떨어진다.)

3. _____ fall. (그것들은 떨어진다.)

4. _____ jumps. (그녀는 점프한다.)

5. _____ swims. (그녀는 수영한다.)

6. _____ dance. (너희들은 춤춘다.)

7. _____ dances. (그것은 춤춘다.)

8. _____ run. (우리는 달린다.)

Exercise 3

주어진 빈칸을 해석에 맞게 채우세요.

1. 소년은 춤춘다. _____ dances.

2. 물이 떨어지다. _____ falls.

3. 선생님이 춤춘다. _____ dances

4. 책이 움직인다. _____ moves.

5. 학생이 간다. _____ goes.

6. 새들이 난다. _____ fly.

7. 공기가 움직이다. _____ moves.

8. 선생님들이 춤춘다. _____ dance.

9. 친구들이 온다. _____ come.

10. 고양이가 잔다. _____ sleeps.

Exercise 3-1

주어진 빈칸을 해석에 맞게 채우세요.

1. 학생들이 걷는다. _____ walk.

2. 모래가 떨어진다. _____ falls.

3. 그들은 점프한다. _____ jump.

4. 학생들이 수영한다. _____ swim.

5. 아이가 온다. _____ comes.

6. 개가 달린다. _____ runs.

7. 시간이 난다. (=빨리 간다.) _____ flies.

8. 소녀가 걷는다. _____ walks.

9. 책이 떨어진다. _____ falls.

10. 고양이들이 달린다. _____ run.

주어진 빈칸을 해석에 맞게 채우세요.

1. 나는 수영한다. _____ swim.

2. 그는 온다. _____ comes.

3. 그들은 춤춘다. _____ dance.

4. 엄마는 걷는다. _____ walks.

5. 새들이 난다. _____ fly.

6. 고양이가 잔다. _____ sleeps.

7. 우리는 난다. _____ fly.

8. 너는 점프한다. _____ jump.

9. 개들이 달린다. _____ run.

10. 그녀는 온다. _____ comes.

Exercise 4-1

주어진 빈칸을 해석에 맞게 채우세요.

1. 빵이 떨어진다. _____ falls.

2. 공기가 움직인다. _____ moves.

3. 개가 잔다. _____ sleeps.

4. 개들이 잔다. _____ sleep.

5. 그들이 점프한다. _____ jump.

6. 선생님이 걷는다. _____ walks.

7. 소년이 달린다. _____ runs.

8. 소년들이 달린다. _____ run.

9. 우리는 춤춘다. _____ dance.

10. 너는 온다. _____ come.

Lesson 03
문장의 시작 (하)

mother	어머니	work	일하다
father	아버지	play	놀다
parent	부모님	drive	운전하다
brother	남자형제	flow	흐르다
sister	여자형제	appear	나타나다
grandmother	할머니	shine	빛나다
grandfather	할아버지	live	살다
son	아들	die	죽다
daughter	딸	stand	서다
travel	여행하다	sit	앉다

남자형제		아버지	
일하다		운전하다	
여자형제		할머니	
흐르다		놀다	
빛나다		부모님	
앉다		살다	
아들		딸	
어머니		서다	
죽다		할아버지	
여행하다		나타나다	

Lesson 03 문장의 시작 (하)

문장을 만드는 게 어렵지 않지? 이제 조금씩 규칙들도 같이 배워보자.

1 첫 문장 만들기

· 모든 문장은 주어와 동사로 시작한다.
· 주어는 문장의 '주인공'이며 동사는 주인공이 '뭘 하는지'이다.

❶ 주어

주어와 동사만으로 문장을 만들 수 있다.
주어 자리에는 (대)명사만 들어갈 수 있다.

> **Mom** sings.
> 엄마가 노래한다.
>
> **They** sing.
> 그들이 노래한다.

❶ 동사

동사 자리에는 동사가 들어가는데
동사의 기본형은 현재시제 이기도 하다.

> Mom **sings**.
> 엄마가 노래한다.
>
> They **sing**.
> 그들이 노래한다.

② 주어와 동사 조합시 필수 개념

❶ 주어+동사 조합
주어가 3인칭 단수이고, 동사가 현재시제일 때 동사에 -s를 붙인다.

❷ 인칭 이해

1인칭	나
2인칭	너
3인칭	나와 너를 제외한 모든 사람, 사물 등 명사

예 엄마, 친구, 나무, 사랑, 물, 그녀, 그

❸ 단수/복수 구분

구분	의미	예시
단수	하나, 한 명	I, she, he, a boy, a cat, a box, money 등
복수	둘 이상 여러 개, 여러 명	we, they, boys, cats, boxes 등

문장	인칭	단수/복수	해석
I dance.	1인칭	단수	나는 춤춘다.
You and I dance.	1인칭	복수	너와 나는 춤춘다.
We dance.	1인칭	복수	우리는 춤춘다.
You dance.	2인칭	단수	너는 춤춘다.
You dance.	2인칭	복수	너희들은 춤춘다.
Boys dance.	3인칭	복수	소년들은 춤춘다.
They dance.	3인칭	복수	그들은 춤춘다.
A boy dances.	3인칭	단수	소년은 춤춘다.
He dances.	3인칭	단수	그는 춤춘다.
She dances.	3인칭	단수	그녀는 춤춘다.
Mom dances.	3인칭	단수	엄마는 춤춘다.
It dances.	3인칭	단수	그것은 춤춘다.

주어 뒤에 동사 walk를 올바른 형태로 붙여서 문장을 완성하세요.

1. 나는 걷는다.　　　　I _____.

2. 엄마는 걷는다.　　　Mom _____.

3. 우리는 걷는다.　　　We _____.

4. 너는 걷는다.　　　　You _____.

5. 그는 걷는다.　　　　He _____.

6. 그녀는 걷는다.　　　She _____.

7. 그들은 걷는다.　　　They _____.

8. 아빠는 걷는다.　　　Dad _____.

9. 너희들은 걷는다.　　You _____.

10. 그것은 걷는다.　　　It _____.

주어 뒤에 동사 swim을 올바른 형태로 붙여서 문장을 완성하세요.

1. 그녀는 수영한다.　　She ＿＿＿＿＿＿＿.

2. 그는 수영한다.　　He ＿＿＿＿＿＿＿.

3. 친구들은 수영한다.　　Friends ＿＿＿＿＿＿＿.

4. 선생님들은 수영한다.　　Teachers ＿＿＿＿＿＿＿.

5. 우리는 수영한다.　　We ＿＿＿＿＿＿＿.

6. 엄마는 수영한다.　　Mom ＿＿＿＿＿＿＿.

7. 그것은 수영한다.　　It ＿＿＿＿＿＿＿.

8. 고양이는 수영한다.　　A cat ＿＿＿＿＿＿＿.

9. 학생은 수영한다.　　A student ＿＿＿＿＿＿＿.

10. 너는 수영한다.　　You ＿＿＿＿＿＿＿.

주어진 문장을 영작하세요.

1. 나는 춤춘다.   _____.

2. 그녀는 춤춘다.   _____.

3. 엄마는 춤춘다.   _____.

4. 그들은 춤춘다.   _____.

5. 우리는 춤춘다.   _____.

6. 아빠는 춤춘다.   _____.

7. 너는 춤춘다.   _____.

8. 너희는 춤춘다.   _____.

9. 그는 춤춘다.   _____.

10. 아빠들은 춤춘다.   _____.

주어진 문장을 영작하세요.

1. 너는 온다. _____.

2. 그녀는 점프한다 _____.

3. 그녀는 앉는다. _____.

4. 너는 살다. _____.

5. 나는 걷는다. _____.

6. 나는 점프한다. _____.

7. 그는 간다. _____.

8. 그들은 죽는다. _____.

9. 너희들은 살다. _____.

10. 아빠는 춤춘다. _____.

주어진 문장을 영작하세요.

1. 아빠들은 달린다.   _____.

2. 그녀는 수영한다.   _____.

3. 엄마는 걷는다.   _____.

4. 우리는 잔다.   _____.

5. 너희들은 온다.   _____.

6. 엄마는 살다.   _____.

7. 그들은 선다.   _____.

8. 너희는 앉는다.   _____.

9. 너는 앉는다.   _____.

10. 아빠들은 점프한다.   _____.

Lesson 04
관사 기본

sun	태양	fear	두려움
moon	달	peace	평화
rise	뜨다	shout	소리치다
set	지다	cry	울다
grow	자라다	smile	미소짓다
return	돌아오다	laugh	웃다
stay	머무르다	start	시작하다
disappear	사라지다	end	끝나다
fall	떨어지다	freeze	얼다
joy	기쁨	melt	녹다

달		평화	
돌아오다		웃다	
지다		울다	
떨어지다		얼다	
머무르다		시작하다	
뜨다		소리치다	
자라다		미소짓다	
태양		두려움	
기쁨		녹다	
사라지다		끝나다	

관사 기본

우리 명사 '사과(apple)'를 생각해보자! "사과 먹을래?"라고 말하면, 한 개인지 백 개인지 헷갈리지? 그래서 셀 수 있는 명사 앞에는 수량을 나타내는 말이 꼭 필요해. 그게 바로 이번에 배울 '관사' (a, an, the)야. 이 관사들이 문장에서 무슨 역할을 하는지, 지금부터 알려줄게!

1 관사란?

관사는 명사가 가리키는 대상이 특정한지, 불특정한지를 구별하는 역할을 하며 부정관사(a(n))와 정관사로 나뉜다.

2 부정관사(a(n))

· 하나를 의미한다. (a chair 책상 하나)
· 특정하지 않은 하나를 지칭할 때 사용
· 셀 수 있는 명사에만 붙일 수 있다. (a water x)

> I met **a girl.**
> 나는 한 소녀를 만났다.
>
> *a girl - 특정하지 않은 한 소녀

2 정관사(the)

· 정해진 것을 의미한다. (the chair 그 의자)
· 이미 언급된 대상이거나, 모두가 알고 있는 대상을 지칭할 때 사용
· 모든 명사에 선택적으로 붙일 수 있다.

> I met **the girl.**
> 나는 그 소녀를 만났다.
>
> *the girl - 특정한 그 소녀

다음 주어진 단어 중 셀 수 있는 명사에만 a(an)을 붙이세요.

1. _____ peace

2. _____ son

3. _____ she

4. _____ dog

5. _____ music

6. _____ water

7. _____ joy

8. _____ student

9. _____ homework

10. _____ bird

11. _____ friend

12. _____ fear

13. _____ girl

14. _____ time

15. _____ air

16. _____ money

17. _____ cat

18. _____ sister

19. _____ boy

20. _____ Korea

주어진 (a)와 (b) 중 문장에 바로 쓸 수 있는 것을 고르세요.

1. **(a)** a boy   **(b)** a sun
2. **(a)** Korea   **(b)** a milk
3. **(a)** a dogs   **(b)** the moon
4. **(a)** a brother   **(b)** breads
5. **(a)** airs   **(b)** Japan

6. **(a)** a Jenny   **(b)** joy
7. **(a)** money   **(b)** a france
8. **(a)** fears   **(b)** music
9. **(a)** waters   **(b)** a bird
10. **(a)** a girls   **(b)** friends

Exercise 2-1

주어진 (a)와 (b) 중 문장에 바로 쓸 수 있는 것을 고르세요.

1. **(a)** a joy   **(b)** a girl
2. **(a)** the fear   **(b)** musics
3. **(a)** the musics **(b)** the birds
4. **(a)** teachers **(b)** the milks
5. **(a)** cats   **(b)** a salt

6. **(a)** water   **(b)** breads
7. **(a)** a child   **(b)** airs
8. **(a)** boys   **(b)** teacher
9. **(a)** a times   **(b)** the money
10. **(a)** a girls   **(b)** Korea

Exercise 3

주어진 문장을 해석하세요.

1. Water flows.　　　　_____.

2. They cry.　　　　_____.

3. Peace starts.　　　　_____.

4. The sun sets.　　　　_____.

5. The moon rises.　　　　_____.

6. Fear starts.　　　　_____.

7. Babies laugh.　　　　_____.

8. A boy shouts.　　　　_____.

9. Boys shout.　　　　_____.

10. She cries.　　　　_____.

주어진 문장을 해석하세요.

1. Teachers smile. _____.

2. They freeze. _____.

3. Fear ends. _____.

4. Salt melts. _____.

5. The moon shines. _____.

6. It starts. _____.

7. We return. _____.

8. A child stays. _____.

9. They appear. _____.

10. She cries. _____.

주어진 문장을 영작하세요.

1. 해가 뜬다.   _____.

2. 해가 진다.   _____.

3. 평화가 시작된다.   _____.

4. 제니(Jenny)는 운전한다.   _____.

5. 친구들이 미소 짓는다.   _____.

6. 그 친구가 미소 짓는다.   _____.

7. 친구가 미소 짓는다.   _____.

8. 그 친구들이 미소 짓는다.   _____.

9. 물이 흐른다.   _____.

10. 우유가 언다.   _____.

주어진 문장을 영작하세요.

1. 두려움이 끝난다. _____.

2. 그것은 녹는다. _____.

3. 그것들은 녹는다. _____.

4. 그녀는 수영한다. _____.

5. 여자형제들이 수영한다. _____.

6. 그 여자형제들이 수영한다. _____.

7. 소년들이 자란다. _____.

8. 해가 빛난다. _____.

9. 그들은 소리친다. _____.

10. 그것들은 움직인다. _____.

주어진 문장을 영작하세요.

1. 그녀는 걷는다.   _____.

2. 그 소년은 잔다.   _____.

3. 너는 난다.   _____.

4. 새가 난다.   _____.

5. 시간이 흐른다.   _____.

6. 아들들이 자란다.   _____.

7. 학생들이 운다.   _____.

8. 그녀가 미소짓는다.   _____.

9. 소녀들이 웃는다.   _____.

10. 우유가 언다.   _____.

주어진 문장을 영작하세요.

1. 달이 진다. _____.

2. 두려움이 끝난다. _____.

3. 너는 소리친다. _____.

4. 그들은 여행한다. _____.

5. 태양이 빛난다. _____.

6. 그 부모님들은 미소짓는다. _____.

7. 나는 운다. _____.

8. 기쁨이 시작된다. _____.

9. 그것들이 나타난다. _____.

10. 너희들이 일한다. _____.

Speaking Practice 01

Happy Day

The sun rises.   A bird flies.

A boy runs.   Milk flows.

A girl jumps.   Bread falls.

They dance.   They laugh.

A dog barks.   The sun sets.

We smile. ☺

Family travels

A family travels.   Cats jump.

Dad drives.   Birds fly.

Mom sleeps.   We play.

We dance.   Joy starts.

Fear ends.

Peace stays.

Writing Practice 01

Happy Day

태양이 뜬다. _____

소년이 달린다. _____

소녀가 점프한다. _____

그들은 춤춘다. _____

개가 짖는다. _____

새가 난다. _____

우유가 흐른다. _____

빵이 떨어진다. _____

그들은 웃는다. _____

해가 진다. _____

우리는 미소 짓는다. _____

Family travels

가족이 여행한다. _____

아빠가 운전한다. _____

엄마는 잔다. _____

우리는 춤춘다. _____

고양이들이 점프한다. _____

새들이 난다. _____

우리는 논다. _____

기쁨이 시작된다. _____

두려움이 끝난다. _____

평화가 머무른다. _____

Lesson 05
인칭대명사 소유격

my	나의	baby	아기
your	너의, 너희들의	woman	여성
our	우리의	man	남자
her	그녀의	uncle	삼촌
his	그의	aunt	이모
their	그들의	cousin	사촌
its	그것의	lady	아가씨
Mr.	~씨	child	아이, 어린이
Mrs.	~부인	husband	남편
Miss.	~양(미혼여자)	wife	아내

너의, 너희들의		우리의	
그것의		여성	
아기		그의	
남자		나의	
아가씨		아이, 어린이	
그녀의		~양(미혼여자)	
남편		이모	
삼촌		사촌	
~부인		~씨	
아내		우리의	

Lesson 05

인칭대명사 소유격

어떤 것이 누구 것인지 분명히 해야 할 때가 있지. 그냥 가방이 아니라, 내 가방, 그녀의 가방처럼!
인칭대명사 소유격은 누구의 것인지 알려주는 말이야. 오늘 제대로 배우고 연습해보자!

1 인칭대명사 소유격

❶ 소유격이란?

소유를 나타내는 대명사로, 누군가의 것임을 표시할 때 사용한다.

❷ 인칭대명사 소유격의 특징 및 사용

명사 바로 앞에 붙어 명사를 수식하므로 형용사로 본다.
단, 소유격이 명사 앞에 붙는 경우 관사는 함께 사용할 수 없다.

인칭대명사-주격	뜻
my	나의
your	너의, 너희의, 당신의, 당신들의
our	우리의
his	그의
her	그녀의
their	그들의
its	그것의

He is **my** student.
그는 나의 학생이다.

She is **his** daughter.
그녀는 그의 딸이다.

Exercise 1

주어진 한국어를 영어로 바꿔쓰세요.

1. 나의 어머니

   _____

2. 그들의 딸

   _____

3. 우리의 할머니

   _____

4. 너희들의 부모님들

   _____

5. 그들의 딸

   _____

6. 그녀의 여자형제

   _____

7. 그의 아들

   _____

8. 너의 할아버지

   _____

9. 그녀의 남자형제

   _____

10. 나의 아버지

    _____

주어진 한국어를 영어로 바꿔쓰세요.

1. 그녀의 여자형제 _____

2. 그의 남자형제 _____

3. 나의 엄마 _____

4. 너희의 부모님 _____

5. 그들의 여자형제들 _____

6. 그들의 아들 _____

7. 우리의 할아버지 _____

8. 너의 부모님 _____

9. 그의 남자형제들 _____

10. 우리의 아들들 _____

주어진 문장을 영작하세요.

1. 나의 여자형제는 일한다.   _____.

2. 너의 엄마는 일한다.   _____.

3. 그의 할머니는 일한다.   _____.

4. 우리의 딸은 일한다.   _____.

5. 그들의 아들은 일한다.   _____.

6. 너의 여자형제들은 일한다. _____.

7. 우리의 부모님들은 일한다. _____.

8. 나의 아빠는 일한다.   _____.

9. 그녀의 아빠는 일한다.   _____.

10. 그의 아빠들은 일한다.   _____.

주어진 문장을 영작하세요.

1. 나의 아빠는 달린다.   _____.

2. 나의 아빠는 걷는다.   _____.

3. 나의 아빠는 점프한다.   _____.

4. 나의 아빠는 살다.   _____.

5. 나의 아빠는 수영한다.   _____.

6. 나의 아빠는 온다.   _____.

7. 나의 아빠는 간다.   _____.

8. 나의 아빠는 논다.   _____.

9. 나의 아빠는 일한다.   _____.

10. 나의 아빠는 운전한다.   _____.

주어진 문장을 영작하세요.

1. 나의 부모님들은 여행한다.   _____.

2. 너의 아버지는 움직인다.   _____.

3. 그들의 딸들은 일한다.   _____.

4. 그녀는 잔다.   _____.

5. 그녀의 할아버지는 춤춘다.   _____.

6. 그의 아빠는 수영한다.   _____.

7. 우리의 남자형제는 달린다.   _____.

8. 나의 아들은 여행한다.   _____.

9. 우리의 엄마는 운전한다.   _____.

10. 그들의 여자형제는 일한다.   _____.

주어진 문장을 영작하세요.

1. 그의 남자형제는 달린다. _____.

2. 그녀의 딸은 춤춘다. _____.

3. 우리의 아빠는 서 있다. _____.

4. 나는 수영한다. _____.

5. 너는 걷는다. _____.

6. 그들은 논다. _____.

7. 나의 할아버지는 앉는다. _____.

8. 그들의 할머니들은 잔다. _____.

9. 그의 아들은 점프한다. _____.

10. 그녀의 부모님들은 여행한다. _____.

주어진 문장을 영작하세요.

1. 우리는 움직인다. _____.

2. 너의 아버지는 운전한다. _____.

3. 그들의 딸은 살다. _____.

4. 그는 서 있다. _____.

5. 나의 여자형제는 일한다. _____.

6. 그들의 아버지들은 점프한다. _____.

7. 그의 남자형제는 일한다. _____.

8. 그녀의 여자형제들은 일한다. _____.

9. 너희들의 부모님들은 걷는다. _____.

10. 그들의 딸이 온다. _____.

Lesson 06
형용사와 be동사 현재시제

job	직업	young	젊은, 어린
doctor	의사	old	나이 든, 오래된
nurse	간호사	tall	키가 큰
firefighter	소방관	short	짧은
police officer	경찰관	pretty	예쁜
pilot	조종사	beautiful	아름다운
captain	선장	cute	귀여운
artist	예술가	handsome	잘생긴
chef	쉐프, 요리사	rich	부자인
hair designer	헤어 디자이너	poor	가난한

가난한		간호사	
젊은, 어린		잘생긴	
의사		헤어 디자이너	
나이 든, 오래된		선장	
경찰관		키가 큰	
직업		귀여운	
짧은		소방관	
아름다운		예쁜	
조종사		부자인	
예술가		쉐프, 요리사	

형용사와 be동사 현재시제

Lesson 06

우리 다시 명사 '사과(apple)'를 생각해보자! 세상에는 다양한 사과가 있어. 그냥 '사과'라고만 하면 좀 심심하지? '예쁜' 사과, '큰' 사과, '빨간' 사과처럼 명사를 꾸며주는 말이 바로 형용사야. 그래서 명사와 형용사는 자주 함께 다녀. 그런데 이때 꼭 필요한 친구가 하나 더 있어. 바로 be동사! 이제 이 세 가지 (명사, 형용사, be동사)가 영어 문장에서 어떤 역할을 하는지 같이 확인해보자.

1 명사와 형용사란?

명사는 생물이나 무생물의 이름을 나타내는 말이며, 형용사는 명사를 수식하거나 묘사하여 그 성질, 상태, 크기, 색깔, 수량 등을 나타내는 말이다.

2 명사와 형용사의 역할

❶ 명사는 주어, 목적어, 보어자리에 들어간다.

> **The girl** is pretty.
> (주어) 그 소녀는 예쁘다.
>
> I met **a girl.**
> (목적어) 나는 한 소녀를 만났다.
>
> She is **an artist.**
> (보어) 그녀는 예술가이다.

❷ 형용사는 보어자리에 들어갈 수 있으며, 명사를 수식한다.

> She is **pretty.**
> (주어) 그녀는 예쁘다.
>
> She is a **pretty** girl.
> (명사 수식) 그녀는 예쁜 소녀이다.

3 be동사의 현재형

❶ be동사의 현재형 기본사항

동사는 크게 be동사와 일반동사로 나뉜다.
be동사는 현재시제에서 주어의 인칭과 수에 따라 am, are, is로 형태가 바뀐다.

❷ be동사의 현재형과 축약형 형태

수	인칭	현재형 (축약형)
단수	1인칭	I am (I'm)
	2인칭	you are (you're)
	3인칭	he is (he's)
		she is (she's)
		it is (it's)
복수	1인칭	we are (we're)
	2인칭	you are (you're)
	3인칭	they are (they're)

He **is** curious.
그는 호기심이 많다.

She**'s** generous.
그녀는 관대하다.

You **are** brave.
너는 용감하다.

They**'re** considerate.
그들은 사려 깊다.

주어진 단어의 뜻을 말하고 명사인지 형용사인지 구별하세요.

1. job　　　　＿＿＿＿＿＿＿

2. old　　　　＿＿＿＿＿＿＿

3. pilot　　　＿＿＿＿＿＿＿

4. pretty　　＿＿＿＿＿＿＿

5. firefighter　＿＿＿＿＿＿＿

6. rich　　　＿＿＿＿＿＿＿

7. police officer　＿＿＿＿＿＿＿

8. doctor　　＿＿＿＿＿＿＿

9. cute　　　＿＿＿＿＿＿＿

10. captain　＿＿＿＿＿＿＿

11. beautiful　＿＿＿＿＿＿＿

12. handsome　＿＿＿＿＿＿＿

13. artist　　＿＿＿＿＿＿＿

14. chef　　　＿＿＿＿＿＿＿

15. nurse　　＿＿＿＿＿＿＿

16. poor　　　＿＿＿＿＿＿＿

17. tall　　　＿＿＿＿＿＿＿

18. hair designer　＿＿＿＿＿＿＿

19. short　　＿＿＿＿＿＿＿

20. young　　＿＿＿＿＿＿＿

주어진 단어의 뜻을 말하고 명사인지 형용사인지 구별하세요.

1. firefighter _____

2. short _____

3. pretty _____

4. police officer _____

5. artist _____

6. tall _____

7. old _____

8. cute _____

9. young _____

10. nurse _____

11. rich _____

12. chef _____

13. handsome _____

14. doctor _____

15. hair designer _____

16. beautiful _____

17. pilot _____

18. captain _____

19. poor _____

20. job _____

주어진 단어의 뜻을 말하고 명사인지 형용사인지 구별하세요.

1. poor _____

2. short _____

3. boy _____

4. old _____

5. beautiful _____

6. bread _____

7. student _____

8. cute _____

9. tall _____

10. rich _____

11. handsome _____

12. friend _____

13. time _____

14. girl _____

15. air _____

16. pretty _____

17. homework _____

18. child _____

19. young _____

20. dog _____

주어진 해석에 맞게 문장을 완성하세요.

1. 나는 의사이다.   I am _____.

2. 그녀는 간호사이다.   She is _____.

3. 그는 소방관이다.   He is _____.

4. 그들은 경찰관들이다.   They are _____.

5. 너는 조종사이다.   You are _____.

6. 너희들은 조종사들이다.   You are _____.

7. 그 예술가는 가난하다.   The artist is _____.

8. 우리는 요리사들이다.   We are _____.

9. 그 헤어 디자이너는 예쁘다. The hair designer is _____.

10. 그 의사는 잘생겼다.   The doctor is _____.

주어진 해석에 맞게 문장을 완성하세요.

1. 그들은 키가 크다.   They are _____.

2. 그녀는 소방관이다.   She is _____.

3. 그 경찰관은 귀엽다.   _____ is cute.

4. 그 요리사는 아름답다.   _____ is _____.

5. 그 의사들은 나이가 많다.   _____ are _____.

6. 그 간호사는 젊다.   The nurse is _____.

7. 그 조종사는 부자이다.   The pilot is _____.

8. 그녀는 예술가이다.   _____ is _____.

9. 우리는 잘생겼다.   _____ are _____.

10. 그들은 조종사들이다.   _____ are _____.

주어진 문장을 영작하세요.

1. 그들은 키가 크다.   _____.

2. 그녀는 소방관이다.   _____.

3. 그 경찰관은 귀엽다.   _____.

4. 그 요리사는 아름답다.   _____.

5. 그 의사들은 나이가 많다.   _____.

6. 그 간호사는 젊다.   _____.

7. 그 조종사는 부자이다.   _____.

8. 그녀는 예술가이다.   _____.

9. 우리는 잘생겼다.   _____.

10. 그들은 조종사들이다.   _____.

주어진 문장을 영작하세요.

1. 그 부모님들은 선생님들이다. _____.

2. 그들은 예술가들이다. _____.

3. 그는 경찰관이다. _____.

4. 그녀는 예쁘다. _____.

5. 그 아들은 키가 작다. _____.

6. 그 새는 귀엽다. _____.

7. 새들이 귀엽다. _____.

8. 그 남자형제는 어리다. _____.

9. 그 할아버지는 나이가 많다. _____.

10. 그녀는 간호사이다. _____.

주어진 문장을 영작하세요.

1. 그 소년은 학생이다.   _____.

2. 그 소년은 잘생겼다.   _____.

3. 개들이 귀엽다.   _____.

4. 그 선생님들은 키가 크다.   _____.

5. 너는 학생이다.   _____.

6. 그 아들은 요리사이다.   _____.

7. 그 친구들은 헤어 디자이너들이다._____.

8. 그 간호사는 가난하다.   _____.

9. 그 새는 아름답다.   _____.

10. 그 여자형제는 선생님이다.   _____.

주어진 단어가 명사, 형용사, 동사중 어떤 것인지 구별하세요.

1. handsome ＿＿＿＿＿＿＿

2. smile ＿＿＿＿＿＿＿

3. Korea ＿＿＿＿＿＿＿

4. cute ＿＿＿＿＿＿＿

5. beautiful ＿＿＿＿＿＿＿

6. jump ＿＿＿＿＿＿＿

7. water ＿＿＿＿＿＿＿

8. sun ＿＿＿＿＿＿＿

9. old ＿＿＿＿＿＿＿

10. set ＿＿＿＿＿＿＿

11. young ＿＿＿＿＿＿＿

12. fall ＿＿＿＿＿＿＿

13. dance ＿＿＿＿＿＿＿

14. rise ＿＿＿＿＿＿＿

15. start ＿＿＿＿＿＿＿

16. shout ＿＿＿＿＿＿＿

17. short ＿＿＿＿＿＿＿

18. child ＿＿＿＿＿＿＿

19. walk ＿＿＿＿＿＿＿

20. laugh ＿＿＿＿＿＿＿

21. flow _____

22. live _____

23. poor _____

24. drive _____

25. tall _____

26. shine _____

27. melt _____

28. girl _____

29. rich _____

30. pretty _____

31. swim _____

32. appear _____

33. friend _____

34. bird _____

35. student _____

36. boy _____

37. go _____

38. father _____

39. fear _____

40. mother _____

주어진 단어가 명사, 형용사, 동사중 어떤 것인지 구별하세요.

1. rise _____

2. grow _____

3. appear _____

4. bird _____

5. play _____

6. parent _____

7. short _____

8. sister _____

9. dance _____

10. poor _____

11. melt _____

12. set _____

13. cute _____

14. pretty _____

15. run _____

16. cat _____

17. daughter _____

18. tall _____

19. old _____

20. go _____

21. child   _____

22. rich   _____

23. fall   _____

24. beautiful   _____

25. girl   _____

26. handsome   _____

27. laugh   _____

28. swim   _____

29. brother   _____

30. joy   _____

31. flow   _____

32. smile   _____

33. start   _____

34. water   _____

35. Korea   _____

36. work   _____

37. live   _____

38. mother   _____

39. stand   _____

40. young   _____

Lesson 07
be동사 현재시제 의문문

Vocabulary

happy	행복한	free	자유로운, 무료인
sad	슬픈	ready	준비된
angry	화난	sure	확실한
upset	속상한	safe	안전한
glad	기쁜	strange	이상한, 낯선
afraid	두려운	sick	아픈
sorry	유감인, 안된	healthy	건강한
tired	피곤한	fat	뚱뚱한
fine	좋은, 괜찮은	slim	날씬한
alone	혼자인	okay	괜찮은

행복한		자유로운, 무료인	
슬픈		준비된	
확실한		화난	
속상한		이상한, 낯선	
기쁜		안전한	
아픈		두려운	
유감인, 안된		건강한	
피곤한		뚱뚱한	
좋은, 괜찮은		혼자인	
날씬한		괜찮은	

be동사 현재시제 의문문

지난 시간에 be동사로 문장을 만들어 봤지? 이번에는 be동사를 사용해서 질문하는 법을 배워 볼 거야. "너는 학생이니?", "이건 네 가방이야?"처럼 친구에게 궁금한 걸 영어로 어떻게 물어볼 수 있을까? 함께 쉽게 알아보자!

1 be동사 현재시제 문장 의문문 만들기

문장의 be동사를 문장 맨 앞으로 가져온 뒤 문장 끝에 물음표를 붙인다.

Are <u>you</u> a student?
너는 학생이니?

Is <u>he</u> handsome?
그는 잘생겼니?

Are <u>they</u> kind?
그들은 친절하니?

Is <u>your brother</u> sad?
너의 형제는 슬프니?

2 be동사 현재시제 문장 대답하기

be동사로 된 질문에 대답할 때는 질문에 쓰인 be동사를 그대로 써서 대답한다.

긍정 대답 : Yes, 주어 + am / is / are

부정 대답 : No, 주어 + am not / isn't / aren't

Are you a student?
너는 학생이니?

Yes, I am. / No, I'm not.
응, 나는 학생이야. / 아니, 나는 학생이 아니야.

Is she happy?
그녀는 행복하니?

Yes, she is. / No, she isn't.
응, 그녀는 행복해. / 아니, 그녀는 행복하지 않아.

Are they hungry?
그들은 배고프니?

Yes, they are. / No, they aren't.
응, 그들은 배고파. 아니, 그들은 배고프지 않아.

Exercise 1

주어진 문장을 의문문으로 바꾸고 해석하세요.

1. You are happy.   _____.

2. You are sad.   _____.

3. You are a pilot.   _____.

4. You are sure.   _____.

5. You are angry.   _____.

6. You are a nurse.   _____.

7. You are a firefighter.   _____.

8. You are alone.   _____.

9. You are free.   _____.

10. You are tired.   _____.

주어진 문장을 의문문으로 바꾸고 해석하세요.

1. You are ready.
   _____.

2. You are an artist.
   _____.

3. You are artists.
   _____.

4. He is fine.
   _____.

5. He is angry.
   _____.

6. She is upset.
   _____.

7. They are afraid.
   _____.

8. They are students.
   _____.

9. It is okay.
   _____.

10. The girl is sad.
    _____.

Exercise 2

주어진 문장을 먼저 영작하고 의문문으로 바꿔 다시 쓰세요.

1. 너는 준비됐다.

_____ _____

2. 너는 슬프다.

_____ _____

3. 그는 화가 난다.

_____ _____

4. 그녀는 속상하다.

_____ _____

5. 우리는 기쁘다.

_____ _____

6. 그들은 두렵다.

_____ _____

7. 나는 미안하다.

_____ _____

8. 너는 피곤하다.

_____ _____

9. 그는 괜찮다.

_____ _____

10. 그녀는 혼자다.

_____ _____

Exercise 2-1

주어진 문장을 먼저 영작하고 의문문으로 바꿔 다시 쓰세요.

1. 우리는 자유롭다.

   _____   _____

2. 그들은 준비되었다.

   _____   _____

3. 나는 확신한다.

   _____   _____

4. 너는 안전하다.

   _____   _____

5. 그는 이상하다.

   _____   _____

6. 그녀는 아프다.

   _____   _____

7. 우리는 건강하다.

   _____   _____

8. 그들은 뚱뚱하다.

   _____   _____

9. 나는 날씬하다.

   _____   _____

10. 너는 괜찮다.

    _____   _____

주어진 문장을 먼저 영작하고 의문문으로 바꿔 다시 쓰세요.

1. 그는 피곤하다.

_____   _____

2. 나의 할머니는 건강하다.

_____   _____

3. 너희들은 아프다.

_____   _____

4. 그 우유는 괜찮다.

_____   _____

5. 우유가 무료다.

_____   _____

6. 그 남자는 피곤하다.

_____   _____

7. 너의 친구는 행복하다.

_____   _____

8. 그녀의 남편은 화났다.

_____   _____

9. 그녀는 혼자다.

_____   _____

10. 그들의 할아버지는 슬프다.

_____   _____

주어진 문장을 영작하세요.

1. 그 소년은 슬프니?

                         _____.

2. 그의 아내는 아프니?

  _____.

3. 그 할머니는 혼자니?

  _____.

4. 그 빵은 무료니?

  _____.

5. 그들은 준비가 됐니?

  _____.

6. 그는 두렵니?

  _____.

7. 그 남자는 이상하니?

  _____.

8. 너는 행복하니?

  _____.

9. 너희 엄마는 속상하니?

  _____.

10. 그 소녀들은 피곤하니?

  _____.

주어진 문장을 영작하세요.

1. 그는 소방관이니?   _____.

2. 그는 행복하니?   _____.

3. 그들의 아들은 키가 크니?   _____.

4. 그녀의 남편은 잘생겼니?   _____.

5. 그의 친구는 학생이니?   _____.

6. 그 우유는 무료니?   _____.

7. 그녀는 아프니?   _____.

8. 너의 삼촌은 피곤하니?   _____.

9. 그녀의 사촌은 요리사니?   _____.

10. 너의 부모님들은 준비가 됐니?   _____.

Lesson 08
be동사 현재시제 부정문

good	좋은	busy	바쁜
gentle	부드러운, 순한	lonely	외로운
kind	친절한	popular	인기있는
quiet	조용한	famous	유명한
wise	현명한	present	참석한, 출석한
noisy	시끄러운	absent	결석한
shy	부끄러움이 많은	fun	재미있는
outgoing	외향적인	funny	웃긴
stupid	어리석은	strong	강한
smart	똑똑한	weak	약한

현명한		참석한, 출석한	
친절한		인기있는	
좋은		바쁜	
조용한		유명한	
외향적인		웃긴	
어리석은		강한	
시끄러운		결석한	
부드러운, 순한		외로운	
부끄러움이 많은		재미있는	
똑똑한		약한	

Lesson 08

be동사 현재시제 부정문

때로는 "나는 배고프지 않아", "이건 내 연필이 아니야"처럼 아니라고 말할 때도 있어.
이렇게 '아니야'라는 말을 영어로 표현하는 가장 쉬운 방법은 뭘까?
be동사를 이용한 부정문 만드는 법을 지금부터 배워보자.

1 be동사 현재시제 문장 부정문 만들기

❶ be동사 뒤에 not만 붙이면 부정문이 된다.

You **are** <u>not</u> a student.
너는 학생이 아니다.

He **is** <u>not</u> handsome.
그는 잘생기지 않았다.

They **are not** kind.
그들은 친절하지 않다.

Your brother **is not** sad.
너의 남자형제는 슬프지 않다.

❷ be동사+not의 축약형

주어	동사	축약형
단수	is not	isn't
복수	are not	aren't

You **aren't** a student.
너는 학생이 아니다.

He **isn't** handsome.
그는 잘생기지 않았다.

They **aren't** kind.
그들은 친절하지 않다.

Your brother **isn't** sad.
너의 남자형제는 슬프지 않다.

주어진 문장을 부정문으로 바꾸세요. (축약형 사용)

1. They are funny. _____.

2. She is popular. _____.

3. He is famous. _____.

4. We are outgoing. _____.

5. They are loud. _____.

6. You are busy. _____.

7. His brother is noisy. _____.

8. Your wife is kind. _____.

9. The student is shy. _____.

10. Her son is strong. _____.

Exercise 1-1

주어진 문장을 부정문으로 바꾸세요. (축약형 사용)

1. They are lonely.   _____.

2. The firefighters are busy.   _____.

3. My daughter is outgoing.   _____.

4. His dog is smart.   _____.

5. Their birds are noisy.   _____.

6. Your wife is famous.   _____.

7. Her sister is stupid.   _____.

8. The captain is kind.   _____.

9. The birds are noisy.   _____.

10. He is her husband.   _____.

주어진 문장을 영작하세요. (축약형 사용)

1. 그는 친절하지 않다.   _____.

2. 그녀는 키가 크지 않다.   _____.

3. 나는 똑똑하지 않다.   _____.

4. 우리는 외향적이지 않다.   _____.

5. 너는 예쁘지 않다.   _____.

6. 그녀의 이모는 간호사가 아니다.   _____.

7. 그의 남자형제는 의사가 아니다.   _____.

8. 그녀는 그의 아내가 아니다.   _____.

9. 그들은 쉐프들이 아니다.   _____.

10. 그녀는 날씬하지 않다.   _____.

주어진 문장을 영작하세요. (축약형 사용)

1. 그는 유명하지 않다. _____.

2. 그 직업은 인기있지 않다. _____.

3. 경찰관들이 친절하지 않다. _____.

4. 그녀는 똑똑하지 않다. _____.

5. 그 조종사들은 바쁘지 않다. _____.

6. 그 여자는 시끄럽지 않다. _____.

7. 너의 친구는 행복하지 않다. _____.

8. 그녀의 남편은 화나지 않았다. _____.

9. 그녀는 혼자가 아니다. _____.

10. 그들의 할아버지는 슬프지 않다. _____.

주어진 문장을 영작하세요. (축약형 사용)

1. 그들의 딸은 바쁘지 않다.   _____.

2. 그의 아내는 아프지 않다.   _____.

3. 그 할머니는 혼자가 아니다.   _____.

4. 그 우유는 무료가 아니다.   _____.

5. 그들은 준비가 되지 않았다.   _____.

6. 우리의 아들들은 인기있지 않다.   _____.

7. 아기들이 행복하지 않다.   _____.

8. 그 남자는 이상하지 않다.   _____.

9. 나의 엄마는 속상하지 않다.   _____.

10. 그 소녀들은 피곤하지 않다.   _____.

Speaking Practice 01

"Happy Family"

My dad is a firefighter.   My brother is a student.

My mom is a nurse.   He is young.

They are busy.   He is kind and smart.

I am happy.

We are healthy.

Our family is good.

"My Best Friend"

My friend is an artist.

She is quiet and shy.

Her sister is outgoing.

She is famous.

They are beautiful.

I am glad.

We are not lonely.

We are friends.

Writing Practice 01

"Happy Family"

나의 아빠는 소방관이다. _____

나의 엄마는 간호사이다. _____

그들은 바쁘다. _____

나의 남자형제는 학생이다. _____

그는 어리다. _____

그는 친절하고 똑똑하다. _____

나는 행복하다. _____

우리는 건강하다. _____

우리의 가족은 좋다. _____

"My Best Friend"

나의 친구는 예술가이다. _____

그녀는 조용하고 부끄러움이 많다. _____

그녀의 여자형제는 외향적이다. _____

그녀는 유명하다. _____

그들은 아름답다. _____

나는 기쁘다. _____

우리는 외롭지 않다. _____

우리는 친구들이다. _____

Lesson 9
be동사의 과거시제(부정문, 의문문)

Vocabulary

fruit	과일	sour	신
apple	사과	salty	짠
pear	배	sweet	달콤한
strawberry	딸기	juicy	즙이 많은
banana	바나나	red	빨간색(의)
orange	오렌지	orange	주황색(의)
melon	멜론	yellow	노란색(의)
grape	포도	green	초록색(의)
lemon	레몬	blue	파란색(의)
kiwi	키위	purple	보라색(의)

짠		노란색(의)	
즙이 많은		파란색(의)	
신		주황색(의)	
사과		멜론	
빨간색(의)		보라색(의)	
배		포도	
바나나		키위	
딸기		레몬	
달콤한		초록색(의)	
과일		오렌지	

be동사의 과거시제(부정문, 의문문)

어제 있었던 일을 말할 땐 be동사도 과거로 가야 해. "나는 어제 학교에 있었어." 또는 "너 어제 집에 있었니?"라고 말하고 싶다면 어떻게 해야 할까? 과거의 일을 표현하는 간단한 규칙을 배워보자!

1 be동사의 과거시제

be동사는 과거시제에서 주어의 인칭과 수에 따라 was, were로 형태가 바뀐다.

주어	동사
단수	was
복수	were

The pilot is healthy.
그 조종사는 건강하다.

The pilot **was** healthy.
그 조종사는 건강했다.

The pilots **were** healthy.
그 조종사들은 건강했다.

2 be동사의 과거시제 부정문

be동사의 과거형 부정문 만들기 : be동사 뒤에 not을 붙인다.

주어	동사	축약형
단수	was not	wasn't
복수	were not	weren't

She **was not** pretty. (= She **wasn't** pretty.)
그녀는 예쁘지 않았다.

The kiwis **were not** sweet. (=The kiwis **weren't** sweet.)
그 키위들은 달콤하지 않았다.

③ be동사의 과거시제 의문문

be동사의 과거형 의문문 만들기 : be동사를 문장 맨 앞으로 보내고 문장 맨 뒤에 물음표를 붙인다.

She **was** pretty.
그녀는 예쁘지 않았다.

Was she pretty?
그녀는 예뻤니?

The kiwis **were** sweet.
그 키위들은 달콤했다.

Were the kiwis sweet?
그 키위들은 달콤했니?

Was the artist tall?
그 예술가는 키가 컸니?

Were the artists tall?
그 예술가들은 키가 컸니?

Were they outgoing?
그들은 외향적이었니?

Yes, they **were**.
맞아, 그들은 그랬어. (외향적이었어)

No, they **weren't**.
아니, 그들은 그렇지 않았어. (외향적이지 않았어)

다음 빈칸에 (was / were) 중 알맞은 것을 쓰고 해석하세요.

1. They _____ tired.

2. She _____ sick.

3. I _____ fat.

4. We _____ cute.

5. He _____ smart.

6. You _____ busy.

7. It _____ fun.

8. The girl _____ strong.

9. The boy _____ absent.

10. The boys _____ safe.

다음 빈칸에 (was / were) 중 알맞은 것을 쓰고 해석하세요.

1. You _____ tired.

2. They _____ sick.

3. The sisters _____ fat.

4. Girls _____ cute.

5. The boy _____ smart.

6. We _____ busy.

7. Your friends _____ fun.

8. Firefighters _____ strong.

9. The ladies _____ absent.

10. The baby _____ safe.

주어진 문장을 영작하세요.

1. 그 과일은 달았다.

_____.

2. 그 사과는 달았다.

_____.

3. 그 배는 달았다.

_____.

4. 그 딸기는 빨갰다.

_____.

5. 그 오렌지는 주황색이었다.

_____.

6. 그 바나나는 노랬다.

_____.

7. 그 포도는 보라색이었다.

_____.

8. 그 레몬은 셨다.

_____.

9. 그 키위는 초록색이었다.

_____.

10. 그 메론들은 달았다.

_____.

주어진 문장을 영작하세요.

1. 그 사과는 빨갰다. _____.

2. 그 사과들은 빨갰다. _____.

2. 그 새는 파랬다. _____.

4. 그 빵은 짰다. _____.

5. 그 멜론은 달았다. _____.

6. 그 오렌지들은 셨다. _____.

7. 그 레몬은 달았다. _____.

8. 그 배들은 짰다. _____.

9. 그 포도들은 즙이 많았다. _____.

10. 그 딸기들은 달았다. _____.

주어진 문장을 해석하세요.

1. Her husband wasn't tired. _____.

2. The pilots weren't healthy. _____.

3. She wasn't safe. _____.

4. Their students weren't ready. _____.

5. The artist wasn't busy. _____.

6. He wasn't lonely. _____.

7. My daughters weren't kind. _____.

8. They weren't outgoing. _____.

9. The boys weren't fat. _____.

10. The milk wasn't free. _____.

주어진 문장을 영작하세요.

1. 그녀는 예쁘지 않았다. _____.

2. 그들은 화나지 않았다. _____.

3. 나는 아프지 않았다. _____.

4. 그들은 외롭지 않았다. _____.

5. 그는 친절하지 않았다. _____.

6. 그 조종사는 두렵지 않았다. _____.

7. 그 삼촌은 기쁘지 않았다. _____.

8. 나의 엄마는 외향적이지 않았다. _____.

9. 그 예술가는 부유하지 않았다. _____.

10. 간호사들은 약하지 않았다. _____.

주어진 문장을 해석하세요.

1. Were you busy? _____.

2. Was she strong? _____.

3. Were they happy? _____.

4. Was his son shy? _____.

5. Was he young? _____.

6. Was the child healthy? _____.

7. Were you smart? _____.

8. Were they smart? _____.

9. Were you sick? _____.

10. Were you tired? _____.

주어진 문장을 영작하세요.

1. 그녀는 강했니?

_____.

2. 그는 젊었니?

_____.

3. 너는 아팠니?

_____.

4. 그들은 행복했니?

_____.

5. 너는 피곤했니?

_____.

6. 너는 똑똑했니?

_____.

7. 너는 바빴니?

_____.

8. 그것들은 웃겼니?

_____.

9. 그의 아들은 부끄러움이 많았니?

_____.

10. 그 아이는 건강했니?

_____.

주어진 문장을 영작하세요.

1. 그 조종사들은 안전했니? _____.

2. 그 남자는 현명했니? _____.

3. 그 아기는 똑똑했니? _____.

4. 나의 이모는 바빴니? _____.

5. 너의 아들은 결석했니? _____.

6. 그들은 유명했니? _____.

7. 그 예술가는 참석했니? _____.

8. 그 사과들은 달았니? _____.

9. 그녀는 아름다웠니? _____.

10. 그 쉐프들은 키가 컸니? _____.

Lesson 10
인칭대명사 목적격과 3형식 문장

그것을		사용하다	
좋아하다		방문하다	
우리를, 우리에게		놓치다, 그리워하다	
싫어하다		도와주다	
사랑하다		원하다	
너를(에게), 너희들을 (에게)		필요로하다	
나를, 나에게		컴퓨터	
그를, 그에게		음식	
그들을, 그들에게		빌리다	
그녀를, 그녀에게		기계	

Lesson 10 인칭대명사 목적격과 3형식 문장

우리가 쓰는 문장 속에는 '나는 너를 좋아해', '그녀는 나를 도와줘'처럼 주고받는 표현이 많아.
이렇게 누가 누구에게 무엇을 하는지 표현할 때는 목적격이 필요해.
어렵지 않으니 천천히 배워보자.

1 인칭대명사 – 목적격

문장의 목적어자리에 들어가는 인칭대명사

목적격	뜻 1	*뜻 2
me	나를	나에게
you	너를, 너희를	너에게, 너희에게
us	우리를	우리에게
him	그를	그에게
her	그녀를	그녀에게
them	그들을	그들에게
it	그것을	그것에게

*뜻 2는 2권에서 배운다.

They need **me**.	I need **them**.
They need **you**.	You need **them**.
They need **you**.	You need **them**.
They need **us**.	We need **them**.
They need **him**.	They need **them**.
They need **her**.	She needs **them**.
They need **them**.	He needs **them**.
They need **it**.	It needs **them**.

2 3형식 문장

'주어 + 동사 + 목적어.' 구성된 문장이다. 목적어는 동작의 대상이 되는 말이며,
목적어 자리에는 (대)명사가 올 수 있다.

I do **homework**.
나는 숙제를 한다.

She uses **the computer**.
그녀는 그 컴퓨터를 사용한다.

주어진 해석에 맞게 영어로 쓰세요.

1. 나는 원해 _____

2. 그들은 원해 _____

3. 우리는 원해 _____

4. 너는 원해 _____

5. 그녀는 원해 _____

6. 그것은 원해 _____

7. 그는 원해 _____

8. 너희는 원해 _____

주어진 해석에 맞게 영어로 쓰세요.

1. 그녀는 좋아해 _____

2. 그는 먹어 _____

3. 나는 필요해 _____

4. 너는 싫어해 _____

5. 그들은 놓쳐 _____

6. 그것들은 좋아해 _____

7. 우리는 사용해 _____

8. 그들은 빌려 _____

주어진 해석에 맞게 영어로 쓰세요.

1. 그들은 필요해 _____

2. 그녀는 싫어해 _____

3. 우리는 도와 _____

4. 그는 사용해 _____

5. 그것은 원해 _____

6. 그들은 빌려 _____

7. 그녀는 먹어 _____

8. 그는 사랑해 _____

주어진 해석에 맞게 문장을 완성하세요.

1. 나는 너를 사랑해.   I love _____ .

5. 나는 그를 사랑해.   I love _____ .

2. 나는 그녀를 사랑해.   I love _____ .

6. 나는 너희들을 사랑해.   I love _____ .

3. 나는 그들을 사랑해.   I love _____ .

7. 그들은 나를 사랑해.   They love _____ .

4. 그들은 우리를 사랑해.   They love _____ .

8. 나는 그것을 사랑해.   I love _____ .

주어진 해석에 맞게 문장을 완성하세요.

1. 나는 그를 돕는다.   I help _____ .

5. 그들은 나를 돕는다.   They help _____ .

2. 나는 그녀를 돕는다   I help _____ .

6. 그들은 우리를 돕는다.   They help _____ .

3. 나는 너를 돕는다.   I help _____ .

7. 나는 그것을 돕는다.   I help _____ .

4. 나는 너희들을 돕는다.   I help _____ .

8. 나는 그들을 돕는다.   I help _____ .

주어진 해석에 맞게 문장을 완성하세요.

1. 나는 그를 사랑해.   _____ love _____.

2. 너는 우리를 사랑해.   _____ love _____.

3. 그들은 그를 사랑해.   _____ love _____.

4. 그녀는 너를 사랑해.   _____ loves _____.

5. 너는 그들을 사랑해.   _____ love _____.

6. 그는 그녀를 사랑해.   _____ loves _____.

7. 그것은 그들을 사랑해.   _____ loves _____.

8. 그들은 나를 사랑해.   _____ love _____.

9. 나는 그것을 사랑해.   _____ love _____.

10. 우리는 그를 사랑해.   _____ love _____.

주어진 해석에 맞게 문장을 완성하세요.

1. 그녀는 그것을 사랑해.　　　_____ loves _____.

2. 그들은 그것을 사랑해.　　　_____ love _____.

3. 우리는 너를 사랑해.　　　_____ love _____.

4. 나는 그녀를 사랑해.　　　_____ love _____.

5. 그는 나를 사랑해.　　　_____ loves _____.

6. 우리는 그것들을 사랑해.　　　_____ love _____.

7. 너는 나를 사랑해.　　　_____ love _____.

8. 그녀는 그를 사랑해.　　　_____ loves _____.

9. 그녀는 나를 사랑해.　　　_____ loves _____.

10. 그것은 나를 사랑해.　　　_____ loves _____.

주어진 문장을 영작하세요.

1. 그는 너를 만난다.   _____.

2. 그들은 그녀를 만난다.   _____.

3. 나는 그를 만난다.   _____.

4. 우리는 그들을 만난다.   _____.

5. 너는 나를 만난다.   _____.

6. 너희들은 그것을 만난다.   _____.

7. 그것은 우리를 만난다.   _____.

8. 나는 그녀를 만난다.   _____.

9. 그녀는 너를 만난다.   _____.

10. 그들은 우리를 만난다.   _____.

주어진 문장을 영작하세요.

1. 나는 너를 사랑한다. _____.

2. 그녀는 그를 도운다. _____.

3. 우리는 그들이 필요하다. _____.

4. 그들은 그녀를 그리워한다. _____.

5. 그는 그것을 빌린다. _____.

6. 너는 우리를 좋아한다. _____.

7. 나는 그것을 싫어한다. _____.

8. 너는 나를 원한다. _____.

9. 우리는 그것을 사용한다. _____.

10. 그들은 그를 방문한다. _____.

주어진 문장을 영작하세요.

1. 그녀는 그를 사랑한다. _____.

2. 너는 우리를 좋아한다. _____.

3. 나는 너를 방문한다. _____.

4. 그들은 그녀를 돕는다. _____.

5. 우리는 그것을 만든다. _____.

6. 그는 그들을 그리워한다. _____.

7. 그녀는 그것이 필요하다. _____.

8. 너는 그것을 사용한다. _____.

9. 나는 그녀를 싫어한다. _____.

10. 우리는 그들을 사랑한다. _____.

Exercise 4-3

주어진 문장을 영작하세요.

1. 그는 그것을 원한다.   _____.

2. 그녀는 나를 그리워한다.   _____.

3. 그들은 우리를 싫어한다.   _____.

4. 너는 그것을 사랑한다.   _____.

5. 나는 그들을 돕는다.   _____.

6. 그는 그녀를 방문한다.   _____.

7. 우리는 그것을 빌린다.   _____.

8. 너는 그를 좋아한다.   _____.

9. 그녀는 나를 필요로 한다   _____.

10. 그들은 그것들을 사용한다.   _____.

Lesson 11
명사의 복수형

Vocabulary

city	도시	person	사람
day	하루, 날	leaf	잎
way	방법, 길	knife	칼
radio	라디오	wolf	늑대
memo	메모	life	삶
potato	감자	thief	도둑
hero	영웅	shelf	선반
photo	사진	half	절반
mouse	쥐	cliff	절벽
goose	거위	roof	지붕

하루, 날		지붕	
칼		쥐	
잎		절벽	
삶		절반	
사람		영웅	
방법, 길		선반	
메모		사진	
라디오		도둑	
도시		거위	
늑대		감자	

Lesson 11 명사의 복수형

지난번에 배웠던 것처럼 apple 같은 셀 수 있는 명사는 앞에 'a(n)'을 붙여서 하나라고 표현하거나 뒤에 '-s'를 붙여 여러 개를 나타낼 수 있어. 대부분 그냥 s만 붙이면 되지만, 가끔 조금 다른 규칙을 가진 특별한 친구들도 있어. 이번 시간에는 이런 예외들도 함께 자세히 배워보자!

1 명사의 복수형 만들기

❶ 규칙 변화

셀 수 있는 명사 뒤에 -s를 붙여 여러 개를 의미하는 복수형을 만들 수 있다.
이런 경우를 규칙 변화라고 한다.

대부분의 명사 → + -s	mothers, oranges, apples, eggs 등
-s, -ss, -ch, -sh, -x로 끝나는 경우 → + -es	buses, kisses, churches, dishes, boxes 등
자음+o로 끝나는 경우 → + -es	potatoes, tomatoes, heroes 등 (예외: pianos, photos, radios, memos 등)
자음+y로 끝나는 경우 -y → -i+es	babies, ladies, cities, families 등
※모음+y → + -s	boys, days, toys, ways 등
-f, -fe → + -ves	leaf → leaves, wolf → wolves, life → lives 등 (예외: roofs, chefs 등)

❷ 불규칙 변화

일부 명사는 규칙성 있게 -(e)s를 붙이지 않고, 단어 자체가 바뀌어 복수형이 된다.
이런 경우를 불규칙 변화라고 한다.

- foot (발) → feet (발들)
- tooth (치아, 이빨) → teeth (치아들, 이빨들)
- man (남자, 사람) → men (남자들, 사람들)
- woman (여자) → women (여자들)
- child (아이) → children (아이들)
- person (사람) → people (사람들)

*단수형과 복수형이 동일한 경우
- fish (물고기, 생선) → fish (물고기들, 생선들)
- deer (사슴) → deer (사슴들)
- sheep (양) → sheep (양들)

Exercise 1

주어진 명사의 복수형을 쓰세요.

1. hero   _____

2. roof   _____

3. thief   _____

4. dish   _____

5. life   _____

6. radio   _____

7. cliff   _____

8. wolf   _____

9. church   _____

10. potato   _____

11. knife   _____

12. city   _____

13. goose   _____

14. memo   _____

15. shelf   _____

16. leaf   _____

17. way   _____

18. photo   _____

19. half   _____

20. day   _____

주어진 명사의 복수형을 쓰세요.

1. wife _____   **11.** tooth _____

2. cliff _____   **12.** city _____

3. boy _____   **13.** shelf _____

4. way _____   **14.** man _____

5. belief _____   **15.** deer _____

6. baby _____   **16.** boy _____

7. tomato _____   **17.** child _____

8. half _____   **18.** piano _____

9. foot _____   **19.** book _____

10. beach _____   **20.** chef _____

주어진 명사의 복수형을 쓰세요.

1. hero _____
2. child _____
3. thief _____
4. goose _____
5. way _____
6. radio _____
7. kiss _____
8. wolf _____
9. person _____
10. potato _____

11. baby _____
12. city _____
13. mouse _____
14. egg _____
15. shelf _____
16. leaf _____
17. way _____
18. photo _____
19. lady _____
20. day _____

주어진 해석에 맞게 채워 문장을 완성하세요.

1. 나는 아기들이 있다.   I have _____.

2. 너는 도시들을 사랑한다.   You love _____.

3. 그는 자동차들을 좋아한다.   He likes _____.

4. 그녀는 그 날들을 싫어한다.   She hates _____.

5. 우리는 방법들이 필요하다.   We need _____.

6. 그들은 라디오들을 원한다.   They want _____.

7. 그는 영웅들을 돕는다.   He helps _____.

8. 우리는 피아노들을 연주한다. We play _____.

9. 그들은 남자들을 찾는다.   They find _____.

10. 우리는 쥐들을 싫어한다.   We hate _____.

주어진 해석에 맞게 채워 문장을 완성하세요.

1. 그들은 거위들을 원한다.　　They want _____.

2. 나는 사람들이 필요하다.　　I need _____.

3. 너는 차들을 산다.　　You buy _____.

4. 그는 사슴들을 만난다.　　He meets _____.

5. 그녀는 물고기들을 잡는다.　　She catches _____.

6. 우리는 나뭇잎들을 찾는다.　　We find _____.

7. 그들은 칼들을 사용한다.　　They use _____.

8. 그녀는 도둑들을 싫어한다.　　She hates _____.

9. 우리는 요리사들을 돕는다.　　We help _____.

10. 그녀는 지붕들을 본다.　　She sees _____.

Lesson 12
일반동사의 규칙 과거형

Vocabulary

The United States	미국	number	숫자
Japan	일본	count	세다, 계산하다
China	중국	watch	지켜보다
flag	깃발	play soccer	축구하다
map	지도	basketball	농구
idea	아이디어	baseball	야구
plan	계획	tennis	테니스
dream	꿈, 꿈꾸다	piano	피아노
secret	비밀	violin	바이올린
voice	목소리	guitar	기타

지켜보다		피아노	
계획		테니스	
깃발		축구하다	
꿈, 꿈꾸다		바이올린	
미국		목소리	
비밀		기타	
아이디어		야구	
일본		숫자	
중국		세다, 계산하다	
지도		농구	

일반동사의 규칙 과거형

어제 축구를 했다면 played soccer, 음악을 들었다면 listened to music처럼 표현할 수 있어.
많은 동사는 간단히 과거형을 만들 수 있어. 이번 단원에서 쉽게 익혀보자!

1 시제 담당 동사

시제인 현재, 과거, 미래는 동사로 나타낸다.

---

work: 일하다(동사)

They **work.** (그들은 일한다 - 현재)
They **worked.** (그들은 일했다 - 과거)
They **will work.** (그들은 일할 것이다 - 미래)

동사의 종류	만드는 방법	예시
대부분의 동사와 -e로 끝나는 동사	동사원형 + (e)d를 붙인다	worked, finished, liked, danced,..
자음+y로 끝나는 동사	y를 i로 바꾸고, -ed를 붙인다	try → tried, study → studied,...
모음+y로 끝나는 동사	그대로 -ed를 붙인다	enjoyed, stayed,...
단모음+단자음으로 끝나는 1음절 동사	자음을 한 번 더 쓰고 -ed를 붙인다	stopped, planned,...

2 일반동사의 과거형 만들기 (규칙 변화)

일반 동사 과거형은 대부분 동사에 -ed를 붙이면 된다.

I **walk.**
나는 걷는다. (현재)

I **walked.**
나는 걸었다. (과거)

She **works.**
그녀는 일한다. (현재)

She **worked.**
그녀는 일했다. (과거)

---

* 과거시제는 주어가 3인칭 단수라도 변하지 않고, 무조건 과거형을 쓴다.

주어진 문장을 해석하고 무슨 시제의 문장인지 골라 동그라미 치세요.

1. She played the piano. (현재 / 과거)

2. The lady has an idea. (현재 / 과거)

3. He borrowed the flag. (현재 / 과거)

4. I visit Japan. (현재 / 과거)

5. You have a plan. (현재 / 과거)

6. Boys play soccer. (현재 / 과거)

7. He uses the machine. (현재 / 과거)

8. She arrived. (현재 / 과거)

9. They dream. (현재 / 과거)

10. I borrowed the violin. (현재 / 과거)

주어진 문장을 해석하고 무슨 시제의 문장인지 골라 동그라미 치세요.

1. The geese danced. (현재 / 과거)

2. The goose sleeps. (현재 / 과거)

3. The thief needs food. (현재 / 과거)

4. They hated mice. (현재 / 과거)

5. Radios were old. (현재 / 과거)

6. The idea is good. (현재 / 과거)

7. The wolves died. (현재 / 과거)

8. People smile. (현재 / 과거)

9. The person smiles. (현재 / 과거)

10. I visited the city. (현재 / 과거)

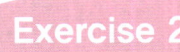

Exercise 2

주어진 문장을 과거시제로 다시 쓰고 해석하세요.

1. I dance.   _____.

2. She walks.   _____.

3. They jump.   _____.

4. The mouse moves.   _____.

5. A girl smiles.   _____.

6. The women travel.   _____.

7. His husband works.   _____.

8. The babies play.   _____.

9. Water flows.   _____.

10. My grandmother appears.   _____.

Exercise 2-1

주어진 문장을 과거시제로 다시 쓰고 해석하세요.

1. The student lives.　　_____.

2. A dog dies.　　_____.

3. The lady smiles.　　_____.

4. My friends laugh.　　_____.

5. People start.　　_____.

6. Lives end.　　_____.

7. Salt melts.　　_____.

8. She loves me.　　_____.

9. They like you.　　_____.

10. He hates cats.　　_____.

주어진 문장을 영작하세요.

1. 나는 일했다.   _____.

2. 나는 놀았다.   _____.

3. 나는 움직였다.   _____.

4. 나는 죽었다.   _____.

5. 나는 살았다.   _____.

6. 나는 걸었다.   _____.

7. 나는 미소 지었다.   _____.

8. 나는 웃었다.   _____.

9. 나는 여행했다.   _____.

10. 나는 나타났다.   _____.

주어진 문장을 영작하세요.

1. 그녀는 점프했다. _____ .

2. 물이 흘렀다. _____ .

3. 그들은 일했다. _____ .

4. 소금이 녹았다. _____ .

5. 소년은 춤췄다. _____ .

6. 그 날은 끝났다. _____ .

7. 두려움이 시작했다. _____ .

8. 그 도둑은 걸었다. _____ .

9. 아이들이 놀았다. _____ .

10. 그 쉐프는 미소 지었다. _____ .

주어진 문장을 영작하세요.

1. 그는 쥐들을 싫어했다. _____.

2. 그들은 기쁨을 원했다. _____.

3. 그 아가씨들은 그 쉐프를 도왔다. _____.

4. 그들은 물이 필요했다. _____.

5. 선생님들은 일했다. _____.

6. 그들은 그 컴퓨터를 사용했다. _____.

7. 그 쌍둥이는 그 계획을 싫어했다. _____.

8. 그 도둑은 돈을 사랑했다. _____.

9. 그 영웅은 그 사진을 필요로 했다. _____.

10. 늑대들은 음식을 원했다. _____.

Speaking Practice 01

A Fruit Party

Dad plans a fruit party.

He brings apples.

The apples are red.

Mom brings bananas.

The bananas are yellow.

My brother brings grapes.

The grapes are green.

My sister likes strawberries.

She brings strawberries.

I love fruit.

We eat fruit together.

We love our fruit party.

"Sports Day"

Today is Sports Day.

Students are present.

I play soccer.

My friend plays baseball.

My brother plays basketball.

My sister plays tennis.

We run and shout.

People laugh.

Teachers watch the games.

We are strong.

Sports Day is fun.

Writing Practice 01

A Fruit Party

아빠는 과일 파티를 계획한다. _____

그는 사과들을 가져온다. _____

그 사과들은 빨갛다. _____

엄마는 바나나들을 가져온다. _____

그 바나나들은 노랗다. _____

나의 남자형제는 포도들을 가져온다. _____

그 포도들은 초록색이다. _____

내 여동생은 딸기를 좋아한다. _____

그녀는 딸기들을 가져온다. _____

나는 과일을 사랑한다. _____

우리는 함께 과일을 먹는다. _____

우리는 우리의 과일 파티를 사랑한다. _____

Sports Day

오늘은 운동의 날이다. _____

학생들이 참석한다. _____

나는 축구를 한다. _____

나의 친구는 야구를 한다. _____

나의 남자형제는 농구를 한다. _____

나의 여동생은 테니스를 한다. _____

우리는 달리고 외친다. _____

사람들이 웃는다. _____

선생님들은 그경기들을 지켜본다. _____

우리는 강하다. _____

운동의 날은 재미있다. _____

Lesson 13
일반동사의 불규칙 과거형

house	집	painting	그림
car	자동차	paper	종이
game	게임	news	뉴스
letter	편지	rule	규칙
family	가족	room	방
name	이름	desk	책상
age	나이	toy	장난감
ball	공	vase	화병
box	박스	phone	전화기
picture	사진, 그림	card	카드

편지		규칙	
집		그림	
자동차		종이	
게임		뉴스	
가족		방	
이름		책상	
나이		장난감	
공		화병	
박스		전화기	
사진, 그림		카드	

일반동사의 불규칙 과거형

모든 동사가 ed를 붙여서 과거가 되는 건 아니야. go는 went, eat는 ate처럼 많이 달라지는 특별한 친구들이 있어! 필수 동사만 모아 왔으니 이번 시간에 확실히 기억해 두자.

1 불규칙 동사?

동사 중에는 과거형을 만들 때 -ed를 붙이지 않고, 형태가 달라지는 불규칙 동사가 있다.
자주 쓰이는 불규칙 동사는 꼭 외워야 한다.

She **works.**
그녀는 <u>일한다</u>. (현재)

She **worked.**
그녀는 <u>일했다</u>. (과거_규칙변화)

She **goes.**
그녀는 <u>간다</u>. (현재)

I **go.**
나는 <u>간다</u>. (현재)

She **went.**
그녀는 <u>갔다</u>. (과거_불규칙)

I **went.**
나는 <u>갔다</u>. (과거_불규칙)

2 자주 쓰이는 불규칙동사 표

기본형	과거형	기본 의미	기본형	과거형	기본 의미
go	went	가다	think	thought	생각하다
come	came	오다	feel	felt	느끼다
get	got	얻다, 받다	hear	heard	듣다
give	gave	주다	find	found	찾다
take	took	가져가다, 데려가다	understand	understood	이해하다
make	made	만들다	write	wrote	쓰다
do	did	하다	read	read	읽다
say	said	말하다	buy	bought	사다
see	saw	보다	bring	brought	가져오다
eat	ate	먹다	put	put	놓다
drink	drank	마시다	cut	cut	자르다
have	had	가지다	leave	left	떠나다
run	ran	달리다	ride	rode	타다

기본형	과거형	기본 의미	기본형	과거형	기본 의미
sit	sat	앉다	keep	kept	지키다
stand	stood	서다	throw	set	던지다
sleep	slept	자다	swim	shook	수영하다
know	knew	알다	win	shone	이기다
become	became	되다	let	let	하게 하다
begin	began	시작하다	lose	lost	잃다
build	built	짓다	mean	meant	의미하다
choose	chose	선택하다	meet	met	만나다
cost	cost	비용이 들다	pay	paid	지불하다
deal	dealt	다루다, 거래하다	quit	quit	그만두다
draw	drew	그리다	ring	rang	울리다
drive	drove	운전하다	rise	rose	오르다
fall	fell	떨어지다	sell	sold	팔다
feed	fed	먹이다	send	sent	보내다
fly	flew	날다	set	set	놓다, 설정하다
freeze	froze	얼다	shake	shook	흔들다
grow	grew	자라다	shine	shone	빛나다
hang	hung	매달다, 걸다	sing	sang	노래하다
hide	hid	숨기다	speak	spoke	말하다
hit	hit	치다	steal	stole	훔치다
hold	held	잡다, 들다	teach	taught	가르치다
hurt	hurt	다치게 하다	tell	told	말하다
lend	lent	빌려주다	wear	wore	입다

*하늘색으로 표시된 동사가 이 단원의 필수 단어이다. 연습문제도 모두 이 동사들로만 구성되어 있다.

주어진 동사의 과거형을 쓰세요.

1. ride   _____

2. eat   _____

3. write   _____

4. get   _____

5. sit   _____

6. say   _____

7. take   _____

8. run   _____

9. find   _____

10. win   _____

11. throw   _____

12. feel   _____

13. leave   _____

14. see   _____

15. drink   _____

16. read   _____

17. swim   _____

18. think   _____

19. know   _____

20. buy   _____

주어진 동사의 과거형을 쓰세요.

1. bring _____

2. cut _____

3. make _____

4. have _____

5. give _____

6. stand _____

7. keep _____

8. understand _____

9. come _____

10. sleep _____

11. see _____

12. eat _____

13. write _____

14. run _____

15. find _____

16. read _____

17. say _____

18. sit _____

19. take _____

20. buy _____

주어진 문장을 해석하세요.

1. I felt joy.   _____.

2. Students sat.   _____.

3. She went.   _____.

4. Doctors stood.   _____.

5. Your family slept.   _____.

6. His son came.   _____.

7. The mouse ran.   _____.

8. The dog swam.   _____.

9. I bought a house.   _____.

10. She won the game.   _____.

주어진 문장을 해석하세요.

1. I got the photo. _____.

2. She ate bread. _____.

3. I threw a ball. _____.

4. You gave toys. _____.

5. She put potatoes. _____.

6. She thought it. _____.

7. He wrote letters. _____.

8. You kept the secret. _____.

9. She read a book. _____.

10. He heard her voice. _____.

주어진 문장을 해석하세요.

1. He brought guitars. _____.

2. The baby rode a wolf. _____.

3. They knew the way. _____.

4. I said her name. _____.

5. She took a picture. _____.

6. He left the city. _____.

7. I understood him. _____.

8. He had a plan. _____.

9. She found geese. _____.

10. I cut bread. _____.

주어진 문장을 영작하세요.

1. 그 아기는 우유를 마셨다.   _____.

2. 그녀는 앉았다.   _____.

3. 그는 갔다.   _____.

4. 나는 서 있었다.   _____.

5. 당신의 가족은 잤다.   _____.

6. 그 영웅은 왔다.   _____.

7. 그 쥐는 달렸다.   _____.

8. 그 개는 수영했다.   _____.

9. 그녀는 집을 샀다.   _____.

10. 그는 그 게임에서 이겼다.   _____.

주어진 문장을 영작하세요.

1. 나는 사진을 찍었다. _____.

2. 그녀는 음식을 먹었다. _____.

3. 소년이 공을 던졌다. _____.

4. 나는 장난감을 주었다. _____.

5. 그의 아들은 감자들을 놓았다. _____.

6. 그녀는 그것을 생각했다. _____.

7. 그녀의 남자형제는 편지를 썼다. _____.

8. 그들은 그 지도를 만들었다. _____.

9. 그녀는 책을 읽었다. _____.

10. 너는 그녀의 목소리를 들었다. _____.

주어진 문장을 영작하세요.

1. 그녀는 그 컴퓨터를 가져왔다. _____.

2. 그는 그 방법을 알았다. _____.

3. 그들은 그 비밀을 지켰다. _____.

4. 그녀는 그 도시를 떠났다. _____.

5. 나는 그를 이해했다. _____.

6. 나는 계획이 있었다. (have 활용) _____.

7. 그들은 거위를 찾았다. _____.

8. 당신의 가족은 그 빵을 잘랐다. _____.

9. 그는 그의 숙제를 했다. _____.

10. 그는 새를 보았다. (see 활용) _____.

주어진 문장을 영작하세요.

1. 그는 물을 마셨다. _____.

2. 나는 평화를 느꼈다. _____.

3. 그들은 달렸다. _____.

4. 아이들은 장난감들을 가져왔다. _____.

5. 우리는 감자들을 먹었다. _____.

6. 그녀는 우유를 팔았다. _____.

7. 학생들이 앉았다. _____.

8. 그들의 사촌이 노래불렀다. _____.

9. 나는 컴퓨터를 샀다. _____.

10. 그 고양이가 새를 봤다. _____.

Lesson 14
일반동사 현재시제 의문문

떨어뜨리다		목표	
대답, 대답하다		체육관	
꾸미다		팀	
쌍둥이		질문	
색칠하다		선수	
가입하다, 함께하다		점수	
~을 보다		단어, 말	
(음악을) 듣다		사무실	
지나가다, 통과하다		스포츠, 운동	
확인하다		코치	

일반동사 현재시제 의문문

친구에게 더 다양한 질문을 하고 싶을 땐 do와 does가 필요해. "너는 피자를 좋아하니?",
"그녀는 축구를 하니?" 이렇게 질문하고 싶다면 어떻게 해야 할지 지금부터 함께 배워보자!

1 일반동사 현재시제 의문문 만들기

❶ 문장에 사용된 동사가 일반동사 맞는지 확인

She <u>meets</u> a boy. → 일반동사

❷ 맞다면, 주어가 3인칭 단수면 does, 그 외 do로 선택

She <u>meets</u> a boy. → does

❸ do/does를 문장 맨 앞에 두고 문장을 그대로 쓰고 물음표를 붙인다.

Does she meet a boy?

❹ 이때 주어 뒤 일반동사는 반드시 동사원형이어야 한다.

Does she <u>meet</u> a boy?

You decorate your room.
너는 너의 방을 꾸민다.

Do you <u>decorate</u> your room?
너는 너의 방을 꾸미니?

She has **a goal**.
그녀는 목표가 있다.

Does she have a goal?
그녀는 목표가 있니?

---

2 일반동사 의문문에 대답하기

질문에 사용된 do, does를 그대로 사용한다.

Do you have a car? → Yes, I **do.** / No, I **don't.**
너는 차가 있니? → 응, 나는 있어. /아니, 나는 없어.

Does she meet him? → Yes, she **does.** / No, she **doesn't.**
그녀는 그를 만나니? → 응, 그녀는 만나. /아니, 그녀는 안 만나.

주어진 문장을 의문문으로 바꿔 쓰세요.

1. He swims. _____.

2. She sings. _____.

3. They travel. _____.

4. The dog barks. _____.

5. You dance. _____.

6. They jump. _____.

7. Birds fly. _____.

8. You shout. _____.

9. They smile. _____.

10. The peace starts. _____.

주어진 문장을 의문문으로 바꿔 쓰세요.

1. She loves him.

　　　　　　　　　　　　　　　　　　　　　　　　　　　　.

2. You meet us.

　　　　　　　　　　　　　　　　　　　　　　　　　　　　.

3. I want it.

　　　　　　　　　　　　　　　　　　　　　　　　　　　　.

4. They help her.

　　　　　　　　　　　　　　　　　　　　　　　　　　　　.

5. We love them.

　　　　　　　　　　　　　　　　　　　　　　　　　　　　.

6. He sees cats.

　　　　　　　　　　　　　　　　　　　　　　　　　　　　.

7. She needs you.

　　　　　　　　　　　　　　　　　　　　　　　　　　　　.

8. You like him.

　　　　　　　　　　　　　　　　　　　　　　　　　　　　.

9. He listens to the music.

　　　　　　　　　　　　　　　　　　　　　　　　　　　　.

10. You look at the car.

　　　　　　　　　　　　　　　　　　　　　　　　　　　　.

주어진 문장을 의문문으로 바꿔 쓰세요.

1. She hates the idea.　　　　　_____.

2. He helps heroes.　　　　　_____.

3. People need ways.　　　　　_____.

4. You love cities.　　　　　_____.

5. A girl plays the violin.　　　　　_____.

6. She decorates her room.　　　　　_____.

7. We hate mice.　　　　　_____.

8. He throws a ball.　　　　　_____.

9. My aunt eats bread.　　　　　_____.

10. I take a picture.　　　　　_____.

주어진 문장을 의문문으로 바꿔 쓰세요.

1. We help chefs.
   _____.

2. He meets deer.
   _____.

3. He finds heroes.
   _____.

4. We use leaves.
   _____.

5. They use knives.
   _____.

6. She passes the ball.
   _____.

7. She hates thieves.
   _____.

8. You say her name.
   _____.

9. They know her age.
   _____.

10. He has a party.
    _____.

주어진 문장을 영작하고 의문문으로 바꿔 쓰세요.

1. 그녀는 차를 산다.

_____

의문문: _____

2. 그는 계획이 있다. (have 활용)

_____

의문문: _____

3. 그들은 사진이 필요하다.

_____

의문문: _____

4. 나는 쌍둥이를 만난다.

_____

의문문: _____

5. 그 선생님은 파티들을 좋아한다.

_____

의문문: _____

6. 너는 아이디어가 있다. (have 활용)

_____

의문문: _____

7. 너는 너의 가족을 사랑한다.

_____

의문문: _____

8. 그녀는 음식을 산다.

_____

의문문: _____

9. Jenny는 그 계획을 싫어한다.

_____

의문문: _____

10. 그들은 박스들을 가지고 있다.

_____

의문문: _____

주어진 문장을 영작하고 의문문으로 바꿔 쓰세요.

1. 너는 그 그림을 원한다.

_____

의문문: _____

2. 그는 쥐들을 싫어한다.

_____

의문문: _____

3. 너는 선반들을 만든다.

_____

의문문: _____

4. 그녀는 그 도둑을 돕는다.

_____

의문문: _____

5. 그녀는 그 전화기를 사용한다.

_____

의문문: _____

6. 우리는 영웅들이 필요하다.

_____

의문문: _____

7. 그녀는 장난감들을 산다.

_____

의문문: _____

8. 그들은 그 도시를 싫어한다.

_____

의문문: _____

9. Paul은 그의 이름을 싫어한다.

_____

의문문: _____

10. 나는 컴퓨터가 필요하다.

_____

의문문: _____

주어진 문장을 영작하세요.

1. 너는 자니?　　　　　_____.

2. 너는 걷니?　　　　　_____.

3. 너는 일하니?　　　　_____.

4. 너는 춤추니?　　　　_____.

5. 너는 노래하니?　　　_____.

6. 너는 운전하니?　　　_____.

7. 너는 여행하니?　　　_____.

8. 너는 빛나니?　　　　_____.

9. 너는 미소짓니?　　　_____.

10. 너는 시작하니?　　　_____.

주어진 문장을 영작하세요.

1. 그는 일하니?
_____.

2. 그녀는 자니?
_____.

3. 너는 수영하니?
_____.

4. 그들은 오니?
_____.

5. 그것은 날아?
_____.

6. 그것들은 움직여?
_____.

7. 그는 점프하니?
_____.

8. 그녀는 춤추니?
_____.

9. 그들은 걷니?
_____.

10. 그것은 가니?
_____.

주어진 문장을 영작하세요.

1. 너는 나를 좋아하니?   _____.

2. 그는 그녀를 싫어하니?   _____.

3. 그녀는 그것이 필요하니?   _____.

4. 그들은 그것들을 사니?   _____.

5. 너는 그것을 만드니?   _____.

6. 나는 그를 돕니?   _____.

7. 그는 그것을 사용하니?   _____.

8. 그들은 나를 지켜보니?   _____.

9. 그녀는 우리를 원하니?   _____.

10. 그들은 나를 사랑하니?   _____.

주어진 문장을 영작하세요.

1. 그들은 쌍둥이를 만나니?   _____.

2. 그녀는 그녀의 엄마를 돕니?   _____.

3. 너는 칼을 사용하니?   _____.

4. 너는 그 편지를 가지고 있니?   _____.

5. 너는 너의 삶을 사랑하니?   _____.

6. 그들은 그를 지켜보니?   _____.

7. 그가 장난감들을 만드니?   _____.

8. 그 아이들은 장난감들이 필요하니?   _____.

9. 그의 아내는 그림들을 사니?   _____.

10. 그 선생님들은 그들의 삶을 좋아하니?_____.

Lesson 15
일반동사 현재시제 부정문

Vocabulary

farm	농장	duck	오리
farmer	농부	feed	먹이다
fence	울타리	field	들판, 밭
cow	소	grain	곡물
pig	돼지	plow	갈다
horse	말	harvest	수확하다
hen	암닭	crop	농작물
chick	병아리	barn	헛간
sheep	양	stable	마구간
goat	염소	hay	건초

갈다		건초	
먹이다		곡물	
소		농부	
수확하다		농작물	
암닭		농장	
양		돼지	
염소		들판, 밭	
오리		마구간	
울타리		말	
헛간		병아리	

Lesson 15 일반동사 현재시제 부정문

가끔은 "나는 피자를 좋아하지 않아.", "그는 책을 읽지 않아."처럼 하지 않는 일을 말할 때도 있지?
이런 말을 영어로 하려면 어떻게 해야 할까? 간단한 규칙을 알려줄게!

1 일반동사 현재시제 부정문 만들기

먼저 동사를 확인한다. 일반동사라면 do, does 중 적절한 것을 선택하여 뒤에 not을 붙이
고 동사원형을 써준다.

> The farmer **does not feed** pigs.
> 그 농부는 돼지들을 먹이지 않는다.
>
> She **does not plow** the field.
> 그녀는 그 밭을 갈지 않는다.
>
> They **do not harvest** potatoes.
> 그들은 감자들을 수확하지 않는다.

2 일반동사 문장 부정 축약형

	일반동사의 부정	축약형
현재	do not	don't
	does not	coesn't
과거	did not	didn't

> The farmer **doesn't feed** pigs.
> 그 농부는 돼지들을 먹이지 않는다.
>
> She **doesn't plow** the field.
> 그녀는 그 밭을 갈지 않는다.
>
> They **don't harvest** potatoes.
> 그들은 감자들을 수확하지 않는다.

주어진 문장을 부정문으로 바꿔 쓰세요.

1. The farmer plows the field. _____.

2. She harvests crops. _____.

3. He feeds ducks. _____.

4. Chickens run. _____.

5. A sheep jumps. _____.

6. You ride a horse. _____.

7. She looks at pigs. _____.

8. Goats eat paper. _____.

9. A duck drinks water. _____.

10. Cows give milk. _____.

주어진 문장을 부정문으로 바꿔 쓰세요.

1. I eat an apple.   _____.

2. She reads a book.   _____.

3. We play a game.   _____.

4. They make a plan.   _____.

5. My dad drives a car.   _____.

6. The teacher writes a memo.   _____.

7. The student answers a question.   _____.

8. The child cuts paper.   _____.

9. You draw a picture.   _____.

10. She paints her room.   _____.

Exercise 2

주어진 문장을 영작하고 부정문으로 바꿔 쓰세요. (축약형 사용)

1. 그 농부는 소들을 먹인다.

_____

부정문: _____

2. 그녀는 말을 탄다.

_____

부정문: _____

3. 그들은 밭을 간다.

_____

부정문: _____

4. 나는 쌍둥이를 만난다.

_____

부정문: _____

5. 그 선생님은 그 파티를 좋아한다.

_____

부정문: _____

6. 말들은 건초를 먹는다.

_____

부정문: _____

7. 닭들은 곡물을 먹는다.

_____

부정문: _____

8. 그는 작물을 수확한다.

_____

부정문: _____

9. Jenny는 그 계획을 싫어한다.

_____

부정문: _____

10. 그들은 박스들을 가지고 있다.

_____

부정문: _____

주어진 문장을 영작하고 부정문으로 바꿔 쓰세요.

1. 나는 영웅들을 만난다.

_____

부정문: _____

2. 너는 편지를 읽는다.

_____

부정문: _____

3. 그녀는 테니스를 친다. (play 활용)

_____

부정문: _____

4. 우리는 중국을 방문한다.

_____

부정문: _____

5. 그 예술가는 차를 빌린다.

_____

부정문: _____

6. 그는 그 도둑을 이해한다.

_____

부정문: _____

7. Sally는 장난감을 산다.

_____

부정문: _____

8. 그 학생은 질문을 가지고 있다.

_____

부정문: _____

9. 나는 그녀의 목소리를 듣는다.

_____

부정문: _____

10. 그 사람은 그녀를 그리워한다.

_____

부정문: _____

Exercise 3

주어진 문장을 영작하세요.

1. 너는 사진을 찍지 않는다.   _____.

2. 우리는 팀에 가입하지 않는다.   _____.

3. 그들은 공을 패스하지 않는다.   _____.

4. 그는 게임에서 이기지 않는다.   _____.

5. 그녀는 장난감을 사지 않는다.   _____.

6. 너는 그 규칙을 지키지 않는다.   _____.

7. 우리는 음악을 듣지 않는다.   _____.

8. 그들은 그 편지를 읽지 않는다.   _____.

9. 나는 공을 던지지 않는다.   _____.

10. 그 코치는 그의 팀을 확인하지 않는다._____.

주어진 문장을 영작하세요.

1. 그녀는 그의 목소리를 듣지 않는다.   _____ .

2. 그들은 상자들을 가져오지 않는다.   _____ .

3. 나는 그녀의 나이를 알지 않는다.   _____ .

4. 그는 꽃병을 사지 않는다.   _____ .

5. 너는 그 전화를 사용하지 않는다.   _____ .

6. 그 소년들은 축구를 하지 않는다.   _____ .

7. 그녀는 숫자들을 세지 않는다.   _____ .

8. 사람들은 도둑들을 미워하지 않는다.   _____ .

9. 사람들은 영웅들을 사랑하지 않는다.   _____ .

10. 그녀는 그녀의 사무실을 꾸미지 않는다. _____ .

Lesson 16
일반동사 과거시제 의문문, 부정문

head	머리		arm	팔
hair	머리카락		hand	손
face	얼굴		finger	손가락
eye	눈		leg	다리
nose	코		knee	무릎
mouth	입		foot	발
ear	귀		breathe	숨쉬다
body	몸		touch	만지다
shoulder	어깨		wink	윙크하다
neck	목		yawn	하품하다

귀		눈	
만지다		다리	
목		머리	
몸		머리카락	
발		무릎	
숨쉬다		손	
어깨		손가락	
윙크하다		얼굴	
입		코	
하품하다		팔	

일반동사 과거시제 의문문, 부정문

"너 어제 숙제 했니?", "나는 어제 축구를 안 했어." 어제 있었던 일을 묻거나 하지 않았다고 말하려면 어떻게 해야 할까? did만 잘 사용하면 과거의 질문과 부정문도 쉽게 만들 수 있어!

1 일반동사 과거시제 의문문/부정문 만들기

만드는 방식은 현재시제랑 동일하며 did를 활용해 만든다.

> **Did** she **meet** a boy?
> 그녀는 소년을 만났니?
>
> She **did not plow** the field.
> 그녀는 그 밭을 갈지 않았다.
>
> They **did not harvest** potatoes.
> 그들은 감자들을 수확하지 않았다.

2 일반동사 문장 부정 축약형

명사는 크게 셀 수 있는 명사와 셀 수 없는 명사로 나뉜다.

	일반동사의 부정	축약형
과거	did not	didn't

> The farmer **didn't feed** pigs.
> 그 농부는 돼지들을 먹이지 않았다.
>
> She **didn't plow** the field.
> 그녀는 그 밭을 갈지 않았다.
>
> They **didn't harvest** potatoes.
> 그들은 감자들을 수확하지 않았다.

주어진 문장을 영작하고 각각 부정문(축약형)과 의문문으로 다시 쓰세요.

1. 그녀는 숨을 쉬셨다.

(영작) _____

(부정문) _____   (의문문) _____

2. 그들은 하품했다.

(영작) _____

(부정문) _____   (의문문) _____

3. 나는 그의 어깨를 만졌다.

(영작) _____

(부정문) _____   (의문문) _____

4. 그는 윙크했다.

(영작) _____

(부정문) _____   (의문문) _____

5. 나는 그 집을 방문했다.

(영작) _____

(부정문) _____   (의문문) _____

주어진 문장을 영작하고 각각 부정문과 의문문으로 다시 쓰세요.

1. 나는 그를 이해했다.

(영작) _____

(부정문) _____ (의문문) _____

2. 너는 그녀의 목소리를 들었다.

(영작) _____

(부정문) _____ (의문문) _____

3. 그녀는 그의 이름을 알았다.

(영작) _____

(부정문) _____ (의문문) _____

4. 그는 편지를 썼다.

(영작) _____

(부정문) _____ (의문문) _____

5. 그들은 그들의 숙제를 했다.

(영작) _____

(부정문) _____ (의문문) _____

주어진 문장을 영작하고 각각 부정문과 의문문으로 다시 쓰세요.

1. 그 선생님은 노래를 불렀다.

(영작) _____

(부정문) _____   (의문문) _____

2. 그 선생님은 노래를 부른다.

(영작) _____

(부정문) _____   (의문문) _____

3. 그 예술가는 그의 삶을 시작했다.

(영작) _____

(부정문) _____   (의문문) _____

4. 그는 음식을 먹었다.

(영작) _____

(부정문) _____   (의문문) _____

5. 그녀는 한국을 떠났다.

(영작) _____

(부정문) _____   (의문문) _____

주어진 문장을 영작하고 각각 부정문과 의문문으로 다시 쓰세요.

1. 아기들이 운다.

(영작) _____

(부정문) _____ (의문문) _____

2. 아기들이 울었다.

(영작) _____

(부정문) _____ (의문문) _____

3. 그녀는 그 도시를 좋아한다.

(영작) _____

(부정문) _____ (의문문) _____

4. 그들은 평화를 사랑한다.

(영작) _____

(부정문) _____ (의문문) _____

5. 그는 감자들을 먹었다.

(영작) _____

(부정문) _____ (의문문) _____

Speaking Practice 01

"A Busy Day at the Farm"

My family visited a farm.

A farmer fed cows.

I touched sheep and goats.

My sister wanted chicks.

Mom painted a fence.

She did not paint a barn.

Dad checked crops.

He counted grains.

Did my brother plow the field?

No, he did not plow the field.

He played with pigs.

We harvested potatoes.

I dropped a potato.

The farmer laughed.

The day ended.

We loved the farm.

"Drawing My Body"

I drew my body.

I painted my head.

I drew my face.

My eyes winked.

My nose did not move.

I touched my ears.

Did I paint my hair?

No, I did not paint my hair.

I checked my shoulders.

My hands touched my arms.

My fingers moved.

I drew my legs.

Did I draw my knees?

Yes, I drew them.

I did not draw my feet.

I loved my picture.

Writing Practice 01

"A Busy Day at the Farm"

나의 가족은 농장을 방문했다. _____

농부가 소들에게 먹이를 주었다. _____

나는 양들과 염소들을 만졌다. _____

나의 여동생은 병아리를 원했다. _____

엄마는 울타리를 칠했다. _____

그녀는 헛간을 칠하지 않았다. _____

아빠는 농작물들을 확인했다. _____

그는 곡물들을 셌다. _____

나의 남자형제가 그 밭을 갈았는가? _____

아니, 그는 그 밭을 갈지 않았다. _____

그는 돼지들과 놀았다. _____

우리는 감자들을 수확했다. _____

나는 감자 하나를 떨어뜨렸다. _____

그 농부는 웃었다. _____

그 하루가 끝났다. _____

우리는 그 농장을 사랑했다. _____

"Drawing My Body"

나는 나의 몸을 그렸다. _____

나는 나의 머리를 색칠했다. _____

나는 나의 얼굴을 그렸다. _____

나의 눈은 윙크했다. _____

나의 코는 움직이지 않았다. _____

나는 나의 귀를 만졌다. _____

나는 나는 머리카락을 색칠했는가? _____

아니, 나는 나의 머리카락을 색칠하지 않았다. _____

나는 나의 어깨들을 확인했다. _____

나의 손이 나의 팔을 만졌다. _____

나의 손가락들이 움직였다. _____

나는 나의 다리들을 그렸다. _____

나는 나의 무릎들을 그렸는가? _____

그래, 나는 그것들을 그렸다. _____

나는 나의 발들을 그리지 않았다. _____

나는 나의 그림을 좋아했다. _____